财政部规划教材

全国中等职业学校财经类教材

# 电子票据技术应用

徐蓓 主编

中国财经出版传媒集团

中国财政经济出版社

图书在版编目（CIP）数据

电子票据技术应用／徐蓓主编．--北京：中国财政经济出版社，2022.7（2025.1重印）

财政部规划教材　全国中等职业学校财经类教材

ISBN 978-7-5223-1473-0

Ⅰ.①电… Ⅱ.①徐… Ⅲ.①电子技术－应用－票据－中等专业学校－教材 Ⅳ.①F830.46

中国版本图书馆 CIP 数据核字（2022）第 101830 号

责任编辑：王佳欣　　　　　通　读：卓文娟
封面设计：卜建辰　　　　　责任校对：张　凡

电子票据技术应用

DIANZI PIAOJU JISHU YINGYONG

中国财政经济出版社　出版

URL: http://www.cfeph.cn

E-mail: cfeph@cfeph.cn

（版权所有　翻印必究）

社址：北京市海淀区阜成路甲 28 号　邮政编码：100142

营销中心电话：010-88191522

天猫网店：中国财政经济出版社旗舰店

网址：https://zgczjjcbs.tmall.com

北京鑫海金澳胶印有限公司印刷　各地新华书店经销

成品尺寸：185mm×260mm　16 开　7.25 印张　181 000 字

2022 年 7 月第 1 版　2025 年 1 月北京第 3 次印刷

定价：23.00 元

ISBN 978-7-5223-1473-0

（图书出现印装问题，本社负责调换，电话：010-88190548）

本社质量投诉电话：010-88190744

打击盗版举报热线：010-88191661　QQ：2242791300

# 编写说明

"电子票据技术应用"是中职会计事务专业的一门新课程。票据的工作量非常巨大，票据的接收与整理、查验与扫描、识别与归档等属于重复性的经常工作，因此企业财务工作中存在大量的票据自动化的空间和需求。本教材以电子票据为起点，根据中等职业学校会计专业教学标准和行业调研的结果，对接产业转型升级中的职业岗位能力要求，结合教学实际，构建会计人才职业能力框架，同时加强教学改革，实现理实一体、育训结合。基于这一实情，为更好地完成中职会计事务专业人才的培养目标，我们编写了本教材。

本教材在编写过程中，充分考虑学生的现有认知、技能基础、经验兴趣等，全面落实立德树人根本任务，重构专业人才培养方案，拟定新的课程标准，完善资源体系，深化"三教改革"。因此，本教材具有以下特点：

1. 立德树人，落实课程思政

坚持立德树人育人导向，坚持教材知识完整性，坚持教材思政润物无声。挖掘教材思政资源，开展思政教育，在教学活动中培养学生的思政意识。通过教材思政顶层设计、开发实施以及思政活动践行，有效提升教师课程思政的能力。

2. 课训融合，课训合一

（1）课训融合：教学目标与职业要求相衔接，教学任务与职业能力相融合。

（2）课训合一：教学过程全面贯彻教、学、练、战的指导思想，教学方法灵活多样，知识点、知识群全真演练逐一运用。

3. 适应产业转型升级，提升学生职业竞争力

《电子票据技术应用》教材体系适应服务于产业转型升级，以电子票据工作流程为主线，实现了电子票据工作与大智移云技术的深度融合发展，让学生学有所用，有效提升学生的职业竞争力。

4. 教材业务操作性强、配套资源丰富

教材详尽梳理总结出业务流程和业务操作技能点，每个技能点均具有较强的业务操作性。

本教材由四川省成都市财贸职业高级中学校徐蓓担任主编，广州市财经商贸职业学校、北京市商业学校、四川省江油市职业中学校的骨干老师参与编写工作。具体分工如下：四川省成都市财贸职业高级中学校李远华、四川省江油市职业中学校杨屏编写单元1，四川省成

都市财贸职业高级中学校徐蓓、胡珊编写单元2，四川省成都市财贸职业高级中学校赵舒婷编写单元3，广州市财经商贸职业学校林敏莉编写单元4，四川省成都市财贸职业高级中学校谢贞、北京市商业学校李杰编写单元5。徐蓓负责统稿和定稿工作。

本教材为用书学校任课老师提供了实战演练的参考答案及电子课件，请以电子邮件形式向中国财政经济出版社索取（请注明：学校、全书名、版次），E-mail：caijingjiaocai@163.com，亦可登录如下网址下载 http://jiaocai.cfeph.cn。

限于编者的水平，书中难免会有疏漏或不妥之处，敬请读者批评指正。

编　者

2022年5月

# 目 录

## 单元1 票据认知 ... 1

任务1.1 认知票据基本知识 ... 2

任务1.2 学习票据分类知识 ... 6

任务1.3 认识票据岗位 ... 13

任务1.4 培养票据岗位角色意识 ... 14

实战演练 ... 16

## 单元2 票据接收与整理 ... 19

任务2.1 开具纸质发票 ... 20

任务2.2 开具电子发票 ... 33

任务2.3 代开发票 ... 39

任务2.4 接收与整理纸质票据 ... 46

任务2.5 接收与整理电子票据 ... 50

实战演练 ... 52

## 单元3 票据查验与扫描 … 55

任务3.1 查验票据 … 56

任务3.2 扫描票据 … 60

实战演练 … 64

## 单元4 票据识别 … 66

任务4.1 识别采购类票据 … 67

任务4.2 识别销售类票据 … 76

任务4.3 识别费用类票据 … 80

任务4.4 识别其他类票据 … 86

实战演练 … 90

## 单元5 档案管理 … 95

任务5.1 票据影像档案管理 … 96

任务5.2 纸质档案管理 … 101

实战演练 … 106

# 单元 1 票据认知

### ▶ 思政目标：

1. 增强学生的票据认知意识，培养学生 3Q7S 企业化管理素养能力。
2. 学生通过不同的票据认知，培养学生团结合作、沟通交流的工作能力。
3. 学生通过掌握各类票据的认知，培养学生工匠精神的养成。

### ▶ 知识目标：

1. 了解票据的概念、范围、票据代码含义。
2. 了解票据的分类，能理解票据岗位的职责与要求。

### ▶ 技能目标：

1. 能区别传统票据和电子票据。
2. 能根据票据代码识别读取票据基本信息。

### ▶ 思维导图：

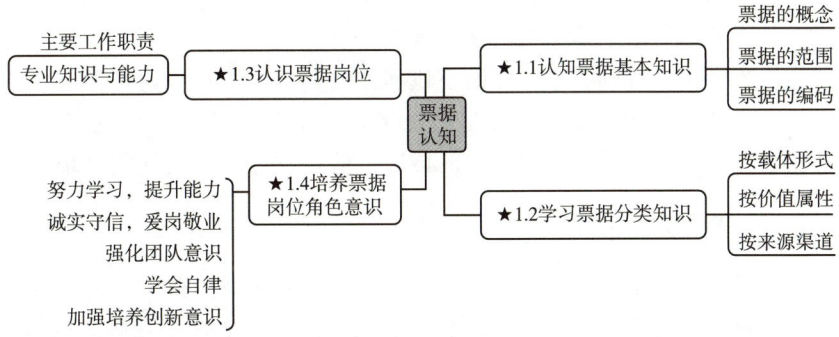

# 2　电子票据技术应用

# 任务 1.1
# 认知票据基本知识

老张曾是一家企业的财务总监，发现现在很多小型企业为了节约管理成本，提升企业财务管理效益，都希望能找到专业的财务公司助其完成相关的财务管理工作。故老张准备成立一家财务管理公司，取名成都梧桐财税共享服务中心公司。以其多年财务管理的经验，老张认为要做好企业财务管理，工作的前提是做好企业的票据管理。为此老张在办理公司注册手续的同时，开始整理相关票据的知识。

## 一、票据的概念

票据的概念有广义和狭义之分。广义的票据泛指商业活动中的一切凭证。包括各种有价证券和凭证，如债券、股票、提单、国库券、发票、记账凭证等。

狭义的票据，即《中华人民共和国票据法》（以下简称《票据法》）中规定的"票据"，仅指以支付金钱为目的的有价证券，即出票人根据《票据法》签发的，由自己无条件支付确定金额或委托他人无条件支付确定金额给收款人或持票人的有价证券，即汇票（银行汇票和商业汇票）、支票及本票（银行本票）。

本书所讨论的票据是指广义的票据。广义的票据产生于企业的经济活动，主要包括有价证券、凭证。当前企业取得的各类票据中，有传统形式的纸质票据，也有电子票据。

电子票据，是实物票据电子化的产物，指单位从外部接收的电子形式的有价证券和各类会计凭证，包括汇票、本票、电子发票、财政电子票据、电子客票、电子行程单、电子海关专用缴款书、银行电子回单等电子会计凭证。来源合法、真实的电子会计凭证与纸质会计凭证具有同等法律效力。传统票据业务中的各项票据业务的流程均没有发生根本性改变，只是每一个环节都加载了电子化处理手段，使业务操作的手段和对象发生了根本的改变。对于会计核算来说，这种改变具有划时代的意义，使财务数据处理自动化的实现成为可能。

传统票据与电子票据的区别如表 1-1 所示。

传统票据也可以通过一定的手段和方法进行电子化，这样更方便使用和储存。例如，通过 OCR、OFD 等技术，企业可以将经济业务中取得的相关票据资料电子化，并通过专门的系统进行处理，这样既方便资料的传递、储存，更便于后期的整理与运用。

## 二、票据的范围

只要企业发生了相关的经济业务，都要取得相应的票据，无论其是广义概念中的票据还是狭义概念中的票据，都是企业最为重要的核心经济资源和管理资料。主要包括有价证券、凭证。

表 1-1　　　　　　　　　　　传统票据与电子票据的区别

| 区别＼票种 | 传统票据 | 电子票据 |
|---|---|---|
| 载体形式不同 | 存在形式是纸质票据 | 存在形式是数据信息 |
| 形式要件不同 | 1. 纸质票据必须采用书面形式，并具有要式性，要求在票据规定位置载明各类事项<br>2. 传统票据流通时必须以纸质原件形态传递，以证明票据的唯一性和真实性<br>3. 纸质票据当事人必须在票据上签章，也就是必须亲自作出签章行为 | 1. 以电子数据的形式出现，无书面形式，也无规定格式及位置的要求<br>2. 电子票据是电子数据，不存在纸质原件<br>3. 电子票据在网络上生成和流通，取而代之的是当事人的电子签名 |
| 流通范围不同 | 传递在开放的社会环境中进行 | 传递在计算机系统中进行 |
| 票据当事人不完全一致 | 包括出票人、付款人、收款人、背书人、被背书人、承兑人等 | 包括出票人、付款人、收款人、背书人、被背书人、票据提出行、票据提入行、票据交换所等 |
| 处理业务流程的对象不同 | 对纸质票据要经过查询查复和人工验票等审核环节 | 对电子票据要经过查询查复和人工验票等审核环节 |

（一）有价证券

有价证券是指标有票面金额，用于证明持有人或该证券指定的特定主体对特定财产拥有所有权或债权的凭证。有价证券是虚拟资本的一种形式，本身没价值但有价格，包括商业汇票、银行本票、银行汇票、支票、中央政府债券、企业债券、股票、提货券等。

（二）凭证

凭证又称会计凭证，是指能够用来证明经济业务事项发生、明确经济责任并据以登记账簿、具有法律效力的书面证明。凭证可分为原始凭证和记账凭证。本书主要讨论原始凭证。

原始凭证是在经济业务发生时取得或填制的，用以记录和证明经济业务发生或完成情况的凭证。包括发票、银行收付款通知单、收发料单、成本计算单、产品出入库单等。

### 三、票据的编码

企业取得的所有非自制票据都有相应的编码，可以通过这些编码了解票据相关信息，甚至确认票据真伪。因此，票据的编码不能随意编制，国家相关部门对其有相应规定。

（一）银行票据

银行票据号码为 16 位，分上下两排，上排相对固定。

上排前 3 位代表银行机构代码；第 4 位代表预留号，暂定为 0；第 5、第 6 位代表省别地区代码；第 7 位代表票据种类，"1"为现金支票，"2"为转账支票，"3"为清分机支票，"4"为银行汇票，"5"为银行承兑汇票，"6"为商业承兑汇票，"7"为非清分机本票，"8"为清分机本票；第 8 位代表印制识别码。

下排第二行的 8 位数字表示流水号,流水号用渗透性油墨印刷,是票据的编码要素。

### (二) 发票

#### 1. 增值税专用发票

增值税专用发票的发票代码为 10 位,第 1~4 位代表各地市,第 5、第 6 位代表制版年度,第 7 位代表批次(分别用 1、2、3、4……表示),第 8 位代表版本的语言文字(分别用 1、2、3、4 代表中文、中英文、藏汉文、维汉文),第 9 位代表几联发票,第 10 位代表发票的金额版本号[分别用 1、2、3、4 表示万元版、十万元版、百万元版、千万元版,用 "0" 表示电脑发票(机打)]。发票号码为 8 位,按年度、分批次编制。发票票样如图 1-1 所示。

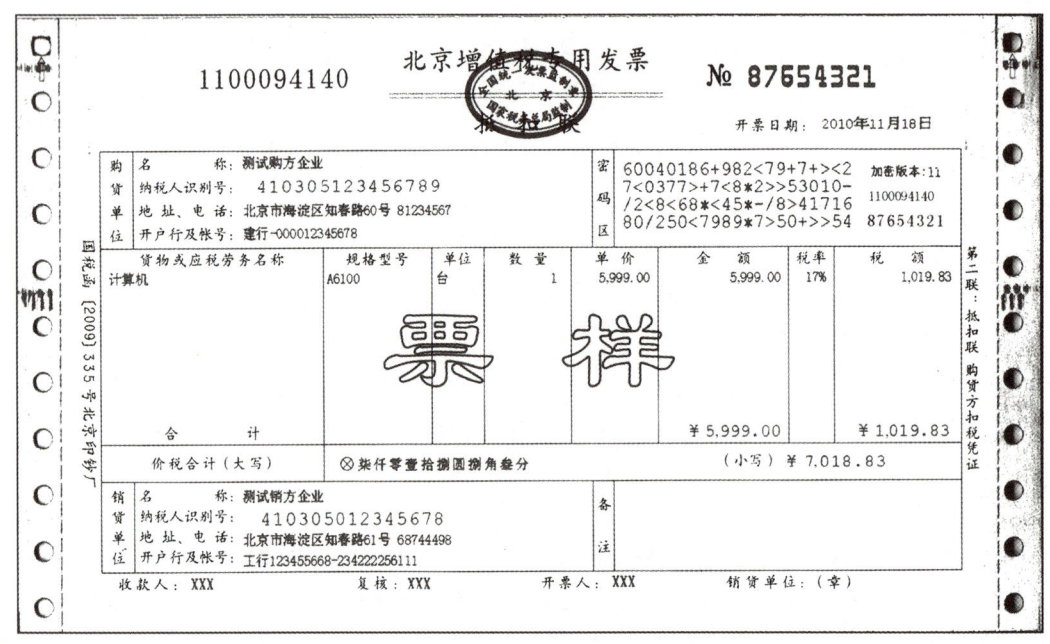

图 1-1 发票票样

图 1-1 发票代码 1100094140 含义如表 1-2 所示。

表 1-2  发票代码含义

| 代码 | 1 | 1 | 0 | 0 | 0 | 9 | 4 | 1 | 4 | 0 |
|------|---|---|---|---|---|---|---|---|---|---|
| 含义 | 北京市 | | | | 09 年 | | 第 4 批 | 中文版 | 4 联次 | 机打发票 |

#### 2. 增值税普通发票(折叠票)

增值税普通发票(折叠票)的发票代码为 12 位,第 1 位为 0,第 2~5 位代表省、自治区、直辖市和计划单列市,第 6、第 7 位代表年度,第 8~10 位代表批次,第 11、第 12 位代表票种和联次,其中 04 代表二联增值税普通发票(折叠票)、05 代表五联增值税普通发票(折叠票)。发票号码为 8 位,按年度、分批次编制。

### 3. 增值税普通发票(卷票)

增值税普通发票(卷票)的发票代码为12位,第1位为0,第2~5位代表省、自治区、直辖市和计划单列市,第6、第7位代表年度,第8~10位代表批次,第11、第12位代表票种和规格,其中06代表57mm×177.8mm增值税普通发票(卷票)、07代表76mm×177.8mm增值税普通发票(卷票)。发票号码为8位,按年度、分批次编制。

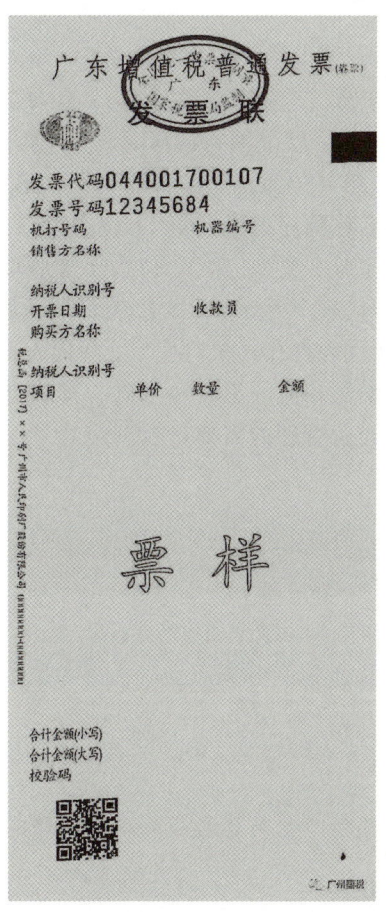

图1-2 增值税普通发票(卷票)票样

图1-2发票代码044001700107含义如表1-3所示。

表1-3 发票代码含义

| 代码 | 0 | 4 | 4 | 0 | 0 | 1 | 7 | 0 | 0 | 1 | 0 | 7 |
|---|---|---|---|---|---|---|---|---|---|---|---|---|
| 含义 | 0 | 广东省 | | | | 17年 | | 第001批 | | | 76mm×177.8mm 增值税普通发票(卷票) | |

### 4. 增值税电子专用发票

增值税电子专用发票的发票代码为12位,第1位为0,第2~5位代表省、自治区、直辖市和计划单列市,第6、第7位代表年度,第8~10位代表批次,第11、第12位为13。

发票号码为 8 位，按年度、分批次编制。

**5. 增值税电子普通发票**

增值税电子普通发票的发票代码为 12 位，第 1 位为 0，第 2～5 位代表省、自治区、直辖市和计划单列市，第 6、第 7 位代表年度，第 8～10 位代表批次，第 11、第 12 位代表票种（11 代表增值税电子普通发票）。发票号码为 8 位，按年度、分批次编制。

**6. 统一发票**

统一发票分类代码为 12 位，第 1 位为国家税务总局、国家税务局、地方税务局代码（0 为国家税务总局，1 为国家税务局，2 为地方税务局）；第 2、第 3、第 4、第 5 位为发票批印税务机关的地区代码（地市级），以全国行政区域统一代码为准；第 6、第 7 位为年份代码（例如 2004 年以 04 表示）；第 8 位为统一的行业代码；第 9、第 10 位为细化的行业发票代码，每个行业的统一发票按名称顺序编排；第 11 位为发票的联次代码（其中定额发票为票面金额的代码，从小到大顺序分 9 类）；第 12 位为金额版面代码（其中 1 代表百元版，2 代表千元版，3 代表万元版，4 代表十万元版，5 代表百万元版，6 代表无限额版，7 代表定额发票，8 代表卷筒式发票，9 代表打孔式机打发票，0 代表平推式机打发票）。

企业自制的票据也应为其编制相应的编码和号码，其相应的编码规则可参考行业相关企业的标准，也可根据企业生产经营管理的需要自行制定。

# 任务 1.2
# 学习票据分类知识

企业发生经济活动，一般都会产生与其经济活动相关联的票据，可作如下分类：

## 一、票据按载体形式不同分类

票据按其载体形式不同可分为传统票据和电子票据。

### （一）传统票据

传统票据即纸质的票据，如增值税专用发票（见图 1-3）、增值税普通发票、飞机票（见图 1-4）、火车票、银行进账单、银行各类回单、存根（见图 1-5）、收发料单、产品出入库单等，这类单据可通过 OCR、OFD 等技术手段，将纸质票据电子化。

### （二）电子票据

电子票据即将实物票据电子化，如增值税电子专用发票、增值税电子普通发票（见图 1-6）。

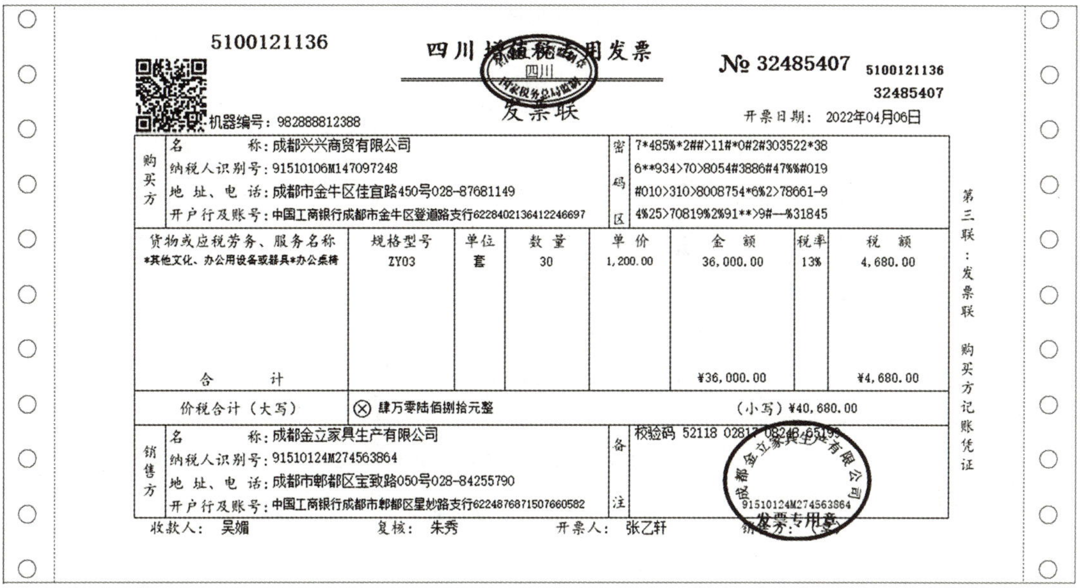

5100121136

四川增值税专用发票

No 32485407　5100121136 32485407

发票联

机器编号：982888812388　　开票日期：2022年04月06日

| 购买方 | 名　　称：成都兴兴商贸有限公司<br>纳税人识别号：91510106M147097248<br>地 址、电 话：成都市金牛区佳宜路450号028-87681149<br>开户行及账号：中国工商银行成都市金牛区登道路支行6228402136412246697 | 密码区 | 7*485%*2##>11#*0#2#303522*38<br>6**934>70>8054#3886#47%%#019<br>#010>310>8008754*6%2>78661-9<br>4%25>70819%2%91**>9#--%31845 |
|---|---|---|---|

| 货物或应税劳务、服务名称 | 规格型号 | 单位 | 数量 | 单价 | 金额 | 税率 | 税额 |
|---|---|---|---|---|---|---|---|
| *其他文化、办公用设备或器具*办公桌椅 | ZY03 | 套 | 30 | 1,200.00 | 36,000.00 | 13% | 4,680.00 |
| 合　　计 | | | | | ¥36,000.00 | | ¥4,680.00 |
| 价税合计（大写） | ⊗肆万零陆佰捌拾元整 | | | | （小写）¥40,680.00 | | |

| 销售方 | 名　　称：成都金立家具生产有限公司<br>纳税人识别号：91510124M274563864<br>地 址、电 话：成都市郫都区宝致路050号028-84255790<br>开户行及账号：中国工商银行成都市郫都区星妙路支行6224876871507660582 | 备注 | 校验码 52118 02817 08248 65199 |
|---|---|---|---|

收款人：吴媚　　复核：朱秀　　开票人：张乙轩　　销售方：（章）

第三联：发票联　购买方记账凭证

图 1－3　增值税专用发票

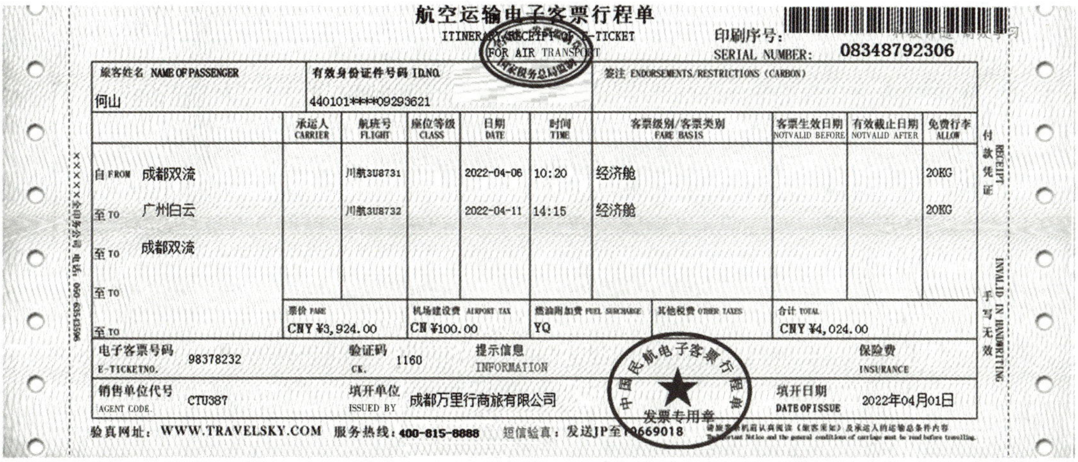

航空运输电子客票行程单

ITINERARY/RECEIPT OF E-TICKET FOR AIR TRANSPORT

印刷序号：SERIAL NUMBER: 08348792306

| 旅客姓名 NAME OF PASSENGER | 有效身份证件号码 ID.NO. | 签注 ENDORSEMENTS/RESTRICTIONS (CARBON) |
|---|---|---|
| 何山 | 440101****09293621 | |

| | 承运人 CARRIER | 航班号 FLIGHT | 座位等级 CLASS | 日期 DATE | 时间 TIME | 客票级别/客票类别 FARE BASIS | 客票生效日期 NOTVALID BEFORE | 有效截止日期 NOTVALID AFTER | 免费行李 ALLOW |
|---|---|---|---|---|---|---|---|---|---|
| 自 FROM 成都双流 | | 川航3U8731 | | 2022-04-06 | 10:20 | 经济舱 | | | 20KG |
| 至 TO 广州白云 | | 川航3U8732 | | 2022-04-11 | 14:15 | 经济舱 | | | 20KG |
| 至 TO 成都双流 | | | | | | | | | |
| 至 TO | | | | | | | | | |
| 至 TO | 票价 FARE CNY ¥3,924.00 | | 机场建设费 AIRPORT TAX CN ¥100.00 | | 燃油附加费 FUEL SURCHARGE YQ | 其他税费 OTHER TAXES | 合计 TOTAL CNY ¥4,024.00 | | |

电子客票号码 E-TICKETNO. 98378232　验证码 CK. 1160　提示信息 INFORMATION　保险费 INSURANCE

销售单位代号 AGENT CODE. CTU387　填开单位 ISSUED BY 成都万里行商旅有限公司　填开日期 DATE OF ISSUE 2022年04月01日

验真网址：WWW.TRAVELSKY.COM　服务热线：400-815-8888　短信验真：发送JP至10669018

付款凭证 RECEIPT　手写无效 INVALID IN HANDWRITING

图 1－4　飞机票

图 1－5　现金支票存根

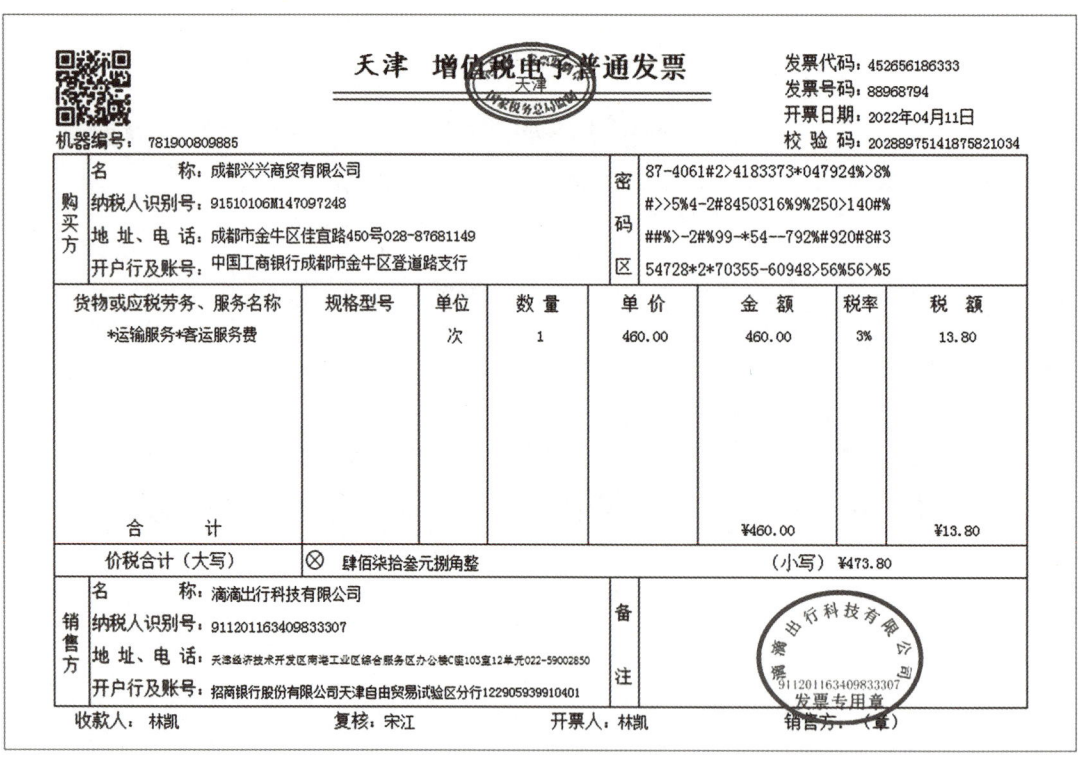

图 1－6　增值税电子普通发票

电子票据一般从票据系统中提取票据信息，直接进入企业的存储或核算系统，在整理、核算过程中不用像纸质票据般进行整理。但按现在会计档案管理的要求，在装订凭证时还是需要将其打印，作为相应记账凭证的附件资料进行装订。

## 二、票据按价值属性不同分类

票据按价值属性不同分为有价证券和业务凭证。

### (一) 有价证券

有价证券主要指商业汇票、银行本票、银行汇票（见图1-7）、支票（见图1-8）、中央政府债券、企业债券、股票、提货券等有票面金额，用于证明持有人或该证券指定的特定主体对特定财产拥有所有权或债权的凭证。

### (二) 业务凭证

业务凭证主要是指企业发生经济业务取得的经济业务证明资料，如发票、合同（见图1-9）、收发货单、费用报销单（见图1-10）、银行收支凭据（见图1-11）等。

## 三、票据按来源渠道不同分类

票据按来源渠道不同分为外来票据和自制票据。

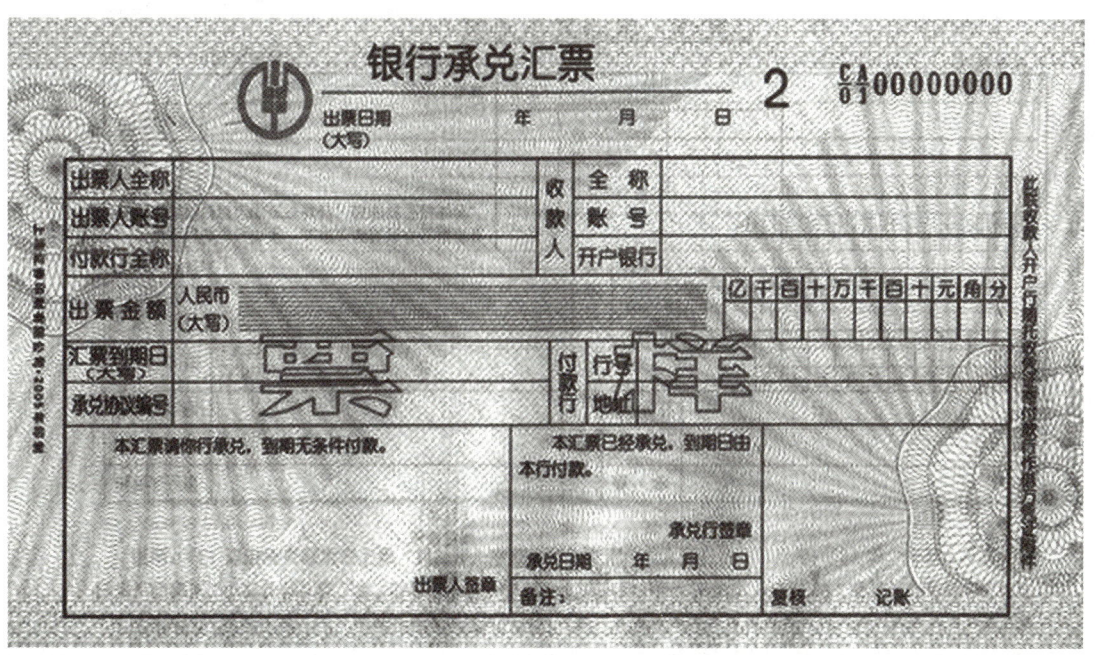

图1-7 银行承兑汇票

图1-8 现金支票

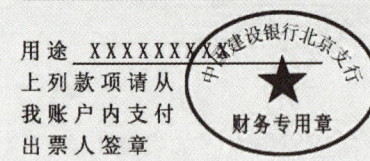

图1-9 购销合同

单元1　票据认知

## 差旅费报销单

部门　销售部　　　　　　　　　2022 年 04 月 12 日

| 出差人 | 何山 | | | | | 出差事由 | | 业务洽谈 | | | |
|---|---|---|---|---|---|---|---|---|---|---|---|
| 出发 | | | 到达 | | | 交通工具 | 交通费 | | 出差补贴 | | 其他费用 |

| 出发 | | | 到达 | | | 交通工具 | 交通费 | | 出差补贴 | | 其他费用 | | |
|---|---|---|---|---|---|---|---|---|---|---|---|---|---|
| 月 | 日 | 时 | 地点 | 月 | 日 | 时 | 地点 | | 单据张数 | 金额 | 天数 | 金额 | 项目 | 单据张数 | 金额 |
| 04 | 06 | 10:20 | 成都 | 04 | 06 | 13:00 | 广州 | 飞机 | 1 | 2,012.00 | 6 | 600.00 | 住宿费 | 1 | 1,855.00 |
| 04 | 11 | 14:15 | 广州 | 04 | 11 | 16:40 | 成都 | 飞机 | | 2,012.00 | | | 市内车费 | 1 | 473.80 |
| | | | | | | | | | | | | | 邮电费 | | |
| | | | | | | | | | | | | | 办公用品费 | | |
| | | | | | | | | | | | | | 不买卧铺补贴 | | |
| | | | | | | | | | | | | | 其他 | | |
| | | 合　计 | | | | | | | 1 | ¥4,024.00 | | ¥600.00 | | 2 | ¥2,328.80 |
| 报销总额 | 人民币(大写) | 陆仟玖佰伍拾贰元捌角整 | | | | | | 预借金额 | | ¥5,000.00 | 补领金额 | | ¥1,952.80 | | |
| | | | | | | | | | | | 退还金额 | | | | |

主管 周仁　　　审核 赵兰　　　出纳 王凯心　　　领款人 何山

附件 3 张

图 1-10　差旅费报销单

## 中国工商银行

凭证

### 业务回单（付款）

日期：2022 年 04 月 12 日　　回单编号：77043333107

付款人户名：　成都兴兴商贸有限公司　　付款人开户行：　中国工商银行成都市金牛区登道路支行

付款人账号(卡号)：6228402136412246697

收款人户名：　成都畅捷通科技有限公司　　收款人开户行：　中国工商银行成都市青羊区小南路支行

收款人账号(卡号)：6222571235792009876

金额：　叁仟元整　　　　　　　　　　　　　　　　　　小写：　¥3,000.00　元

业务(产品)种类：　　　　　　凭证种类：7218745992　　凭证号码：20989465768020813

摘要：　软件服务年费　　　　用途：　　　　　　　　　币种：　人民币

交易机构：3516762611　　记账柜员：83921　　交易代码：31872　　渠道：

6222571235792009876

本回单为第 1 次打印，注意重复　打印日期：2022 年 04 月 12 日　打印柜员：7　验证码：910040142221

图 1-11　付款业务回单

## （一）外来票据

外来票据主要指企业在生产经营活动中，从企业外部取得的票据。如采购发票（见图1-12）、银行各类回单、各类公共交通发票等。

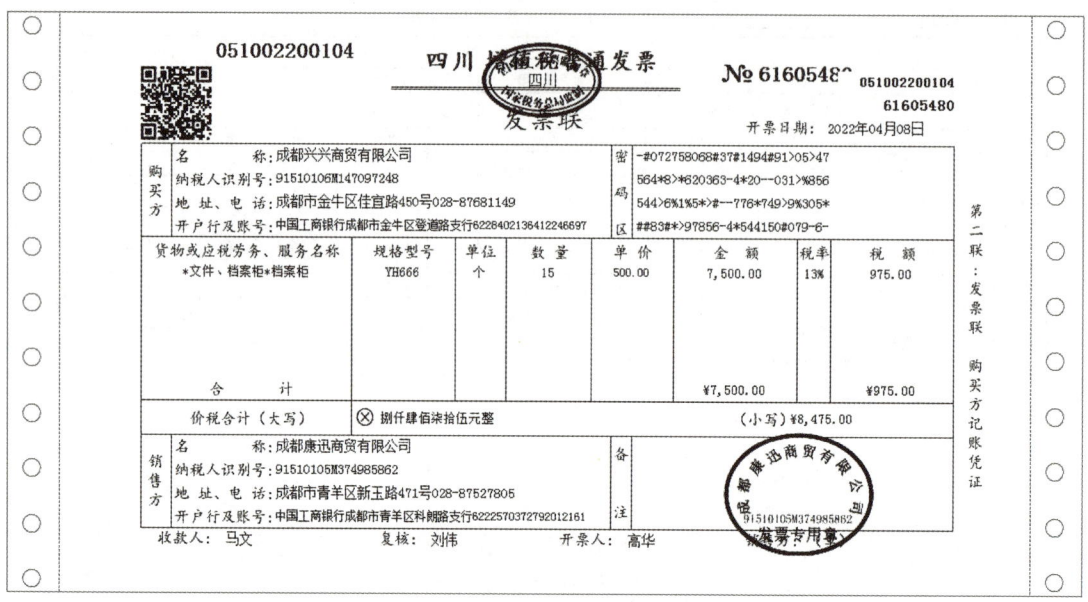

图1-12 增值税专用发票

## （二）自制票据

自制票据主要指企业在生产经营活动中，根据企业自身需要自行制作的相关票据。如收料单、入库单（见图1-13）、差旅费报销单等。

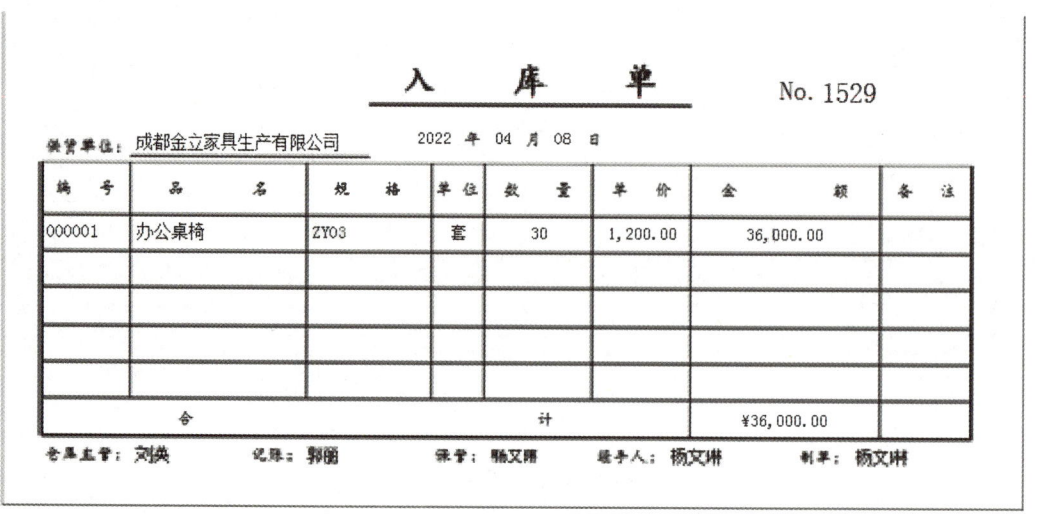

图1-13 入库单

# 任务 1.3
# 认识票据岗位

票据岗位主要是依据《中华人民共和国发票管理办法》《票据管理实施办法》《会计档案管理办法》《档案法》以及相关法律法规的要求，完成企业票据的开具、接收、整理、查验、扫描、识别、归档等一系列工作，为企业的会计核算以及企业管理提供准确的基础数据支撑。

## 一、主要工作职责

### （一）票据开具

根据经济业务的需要，开具增值税专用（普通）发票、增值税电子专用（普通）发票、红冲发票以及作废发票。

根据《中华人民共和国发票管理办法》要求合理申领、严格管控发票，不得代开、虚开发票，不得转借转让发票，不得拆本或跳号使用发票，不得扩大发票使用范围。

### （二）票据接收、整理与查验

根据收取业务方的相关票据，核查票面信息，统计票据数量。

根据《中华人民共和国发票管理办法》等相关规定并结合具体经济业务，认真核查相关票据票面信息是否准确。增值税发票可通过国家税务总局全国增值税发票检验平台（https://inv-veri.chinatax.gov.cn/index.html）进行查验，确认无误后，做好相应的整理、登记工作。

### （三）票据扫描、识别

对取得的票据通过 OCR 等技术进行扫描录入，将票据数据传送到相应的管理平台。

对于扫描的信息要进行核验，确保信息无误，降低潜在的财务风险和企业管理风险。同时要及时对操作系统及数据信息进行维护备份，确保数据信息的安全。

### （四）票据归档

**1. 纸质票据的归档**

纸质票据原件装订整理成册，需打印装订的票据按要求进行装订，并妥善保管。

**2. 电子票据的归档**

企业报销时不仅要打印电子发票的纸质资料，电子凭证也要保存，企业应保证所有电子发票能正确、完整导入并被合规的归档保存。

符合档案管理要求的电子会计档案与纸质档案具有同等法律效力。除法律、行政法规另有规定外，电子会计档案可不再另以纸质形式保存。

根据《档案法》《会计档案管理办法》等相关法规的要求，及时整理装订票据，并按规定的流程和手续移交档案管理部门。

**二、专业知识与能力**

**（一）专业知识要求**

（1）熟悉国家有关会计核算、票据管理等法规；
（2）掌握票据的开具、接收、整理、查验、扫描、识别、归档的相关操作流程。

**（二）操作能力要求**

（1）能独立完成发票的申领、开具、红冲、作废、统计操作；
（2）具备独立的鉴别票据真伪能力；
（3）能熟练操作 OCR 等票据识别管理系统及扫描设备；
（4）能独立完成票据手工整理、装订工作。

**（三）沟通表达能力**

（1）能准确而清晰地表达信息；
（2）能充分理解对方的信息反馈。

**（四）数据处理能力**

（1）对数据信息具有一定的敏感性；
（2）掌握一定的数据采集、搜索、加工等相关的数据处理方法，并能通过对数据的分析和推导，挖掘出数据潜在价值。

**（五）风险预估能力**

（1）对财务风险具有一定的敏感度；
（2）能正确预估出工作流程或者系统中的风险大小，以达到规避风险的目的。

**（六）具备良好的职业操守**

良好的职业操守要做到热爱祖国、遵纪守法、爱岗敬业、诚实守信。

# 任务 1.4
# 培养票据岗位角色意识

选择一份职业就是选择一种人生，选择一种职业态度就是选择一种人生态度。不论简单还是复杂的工作岗位都可以创造辉煌。岗位是实现人生价值的舞台,要在这一舞台上唱响精彩的人生,需早作准备。为将来的岗位做好准备是一名职业人的根本素质,而这对于学生来说尤为重要。

### 一、努力学习,提升能力

易卜生先:"你最大的责任就是把你这块材料铸造成器。"要想成为这一岗位的专业人才,就必须具备这一岗位所要求的专业素质。票据岗看似简单,但对其从业者确有着很高的专业要求,不仅要熟悉国家有关会计核算、票据管理等法规,还要掌握票据的开具、接收、整理、查验、扫描、识别、归档的相关操作流程,同时还要具备独立的发票操作能力、票据鉴别能力、票据识别能力以及票据的整理归档能力。从知识储备到实操能力都有着较高的要求。所以没有把自己"铸造成器"的决心,努力学习相关专业知识,并提高操作水平,肯定是不行的。

### 二、诚实守信,爱岗敬业

古人曰,人无信不立,人而无信,不知其可。市场经济是信用经济,一个企业的市场信誉是有价的,可以用金钱来衡量,它是企业的无形资产。而作为一名职业人,其个人的信誉也可以用价值来度量。故维系好良好的个人信誉对于一名职业人来说尤为重要。

爱岗敬业,在自己的工作岗位上孜孜不倦,精益求精,才有可能在平凡的工作岗位上做出不平凡的成绩,取得不平凡的成就。呕心沥血,勤政为民的焦裕禄、孔繁森;不惧生死,挺身而出的抗疫工作者们,他们都是做着最为平凡的工作,却取得了伟大的成就。

诚实守信、爱岗敬业是现代职业人的重要品质,尤被企业重视,更是现代企业的企业文化的重要组成部分,拥有这样员工的企业,具备这样品质的企业,往往是一个更易成功的企业。

### 三、强化团队意识

现代经济社会,劳动过程专业化、社会化程度越来越高,职业分工也越来越细,一项工作往往需要多人合作才能更好地完成。如大型企业的票据岗,接收、整理、查验、扫描等就需要多人来合作完成,如果其中有人不能有效地和大家合作,那这个工作链条就有可能断掉,甚至产生工作事故。一个小组是个团队,一个部门是个团队,一个企业也是个团队。只有将团队的力量进行有效的整合,才有取得成功的可能。作为这个团队中的个体,要培养团队意识,要知道作为一名职业人,需要具备竞争意识,但在职业活动中,更需要的是团队合作。

### 四、学会自律

自律,指在没有人现场监督的情况下,通过自己要求自己,变被动为主动,自觉地遵循法度,拿它来约束自己的一言一行。自律是一种不可或缺的人格力量,没有它,一切纪律都会变得形同虚设。真正的自律是一种信仰、一种自省、一种自警、一种素质、一种自爱、一种觉悟，它会让你发觉健康之美，感到幸福快乐、淡定从容、内心强大，永远充满积极向上的力量。

### 五、加强培养创新意识

创新意识是一个民族进步的灵魂，也是国家兴旺发达的不竭动力。创新能力其实是一种综合能力，它要求具有强烈的创造欲、敏锐的观察力、准确的记忆力和良好的思维能力。创新不是标新立异，简单地追求"新"的时尚，而是要具有知识的积累，要用科学的方法，更要有坚韧不拔的毅力，开拓创新的精神。

### 六、学习意识

"今天学习不努力，明天努力找工作"。时代在进步、社会在发展，不断出现的新知识、新技术改善着人们的生活，也改变着我们工作的方式，只有始终保持学习的状态，不断提升自我，与时俱进，让自己跟上时代步伐，才能保证自己是一名合格的现代职业人，取得职业生涯的成功，实现人生价值。

**实战演练**

#### 一、单选题

1. 下列不属于票据岗位工作职责的是（　　）。
   A. 签订采购合同　　　　　　　　B. 票据开具
   C. 票据识别　　　　　　　　　　D. 票据扫描
2. 票据按来源渠道不同分为外来和（　　）。
   A. 有价证券　　　　　　　　　　B. 自制票据
   C. 电子票据和传统票据　　　　　D. 传统票据
3. 增值税普通发票（折叠票）的发票代码为（　　）位。
   A. 12　　　　B. 11　　　　C. 10　　　　D. 8
4. 增值税电子普通发票（　　）位代表年度。
   A. 1~2　　　B. 2~5　　　C. 6~7　　　D. 8~10
5. 下列票据不属于原始凭证的是（　　）。
   A. 发票　　　　　　　　　　　　B. 银行收付款通知单
   C. 收发料单　　　　　　　　　　D. 记账凭证

#### 二、多选题

1. 传统票据的当事人有（　　）。
   A. 出票人　　　B. 付款人　　　C. 收款人　　　D. 背书人

2. 电子票据的当事人有（　　）。
A. 付款人　　　　　B. 背书人　　　　　C. 票据提出行　　　D. 票据提入行
3. 传统票据的要件形式有（　　）。
A. 必须采用书面形式，并具有要式性，要求在票据规定位置载明各类事项
B. 必须以纸质原件形态传递，以证明票据的唯一性和真实性
C. 当事人必须在票据上签章，也就是必须亲自作出签章行为
D. 无规定格式及位置的要求
4. 电子票据的要件形式有（　　）。
A. 无书面形式，也无规定格式及位置的要求
B. 是电子数据，不存在纸质原件
C. 在网络中生成和流通
D. 当事人的签章为电子签名
5. 下列属于有价证券的有（　　）。
A. 商业汇票　　　B. 成本计算单　　　C. 银行汇票　　　D. 支票
6. 下列票据中是自制票据的有（　　）。
A. 银行收款回单　B. 成本计算单　　　C. 工资计算表　　D. 产品入库单
7. 下列单据是外来票据的有（　　）。
A. 飞机票　　　　　　　　　　　　　B. 固定资产折旧计算表
C. 采购发票　　　　　　　　　　　　D. 差旅费报销单
8. 下列关于增值税专用发票代码表述正确的是（　　）。
A. 第1~4位代表发票的金额　　　　　B. 第5、第6位代表制版年度
C. 第7位代表批次　　　　　　　　　D. 第9位代表几联发票
9. 票据岗位的主要职责有（　　）。
A. 票据开具　　　　　　　　　　　　B. 票据接收、整理与查验
C. 票据扫描、识别　　　　　　　　　D. 票据归档
10. 票据岗位人员必须具备的操作能力有（　　）。
A. 能独立完成发票的申领、开具、红冲、作废、统计操作
B. 具备独立的鉴别票据真伪能力
C. 能熟练操作OCR等票据识别管理系统及扫描设备
D. 能独立完成票据手工整理、装订工作

### 三、判断题

1. 只有纸质档案才具备法律效力。（　　）
2. 电子会计档案必须以纸质形式另行保存。（　　）
3. 自制票据主要指企业在生产经营活动中，根据企业自身需要自行制作的相关票据。（　　）
4. 增值税电子普通发票的发票代码为12位，第1位为0，第2~5位代表省、自治区、直辖市和计划单列市。（　　）

5. 增值税普通发票（卷票）的发票代码为10位。（　　）

6. 增值税专用发票第5、第6位代表制版年度。（　　）

7. 纸质票据必须采用书面形式，并具有要式性，要求在票据规定位置载明各类事项。（　　）

8. 纸质票据的当事人有出票人、付款人、收款人、背书人、被背书人、票据提出行、票据提入行、票据交换所等。（　　）

9. 票据按其存载体形式不同可分为电子票据和传统票据。（　　）

10. 票据岗位的主要职责就是要做好票据的开具工作。（　　）

# 单元 2 票据接收与整理

### ▶ 思政目标：

1. 增强学生的票据整理意识，使学生能联系行业实际，培养学生 3Q7S 企业化管理素养能力。

2. 学生通过不同的票据整理，培养学生团结合作、沟通交流的工作能力。

3. 学生通过掌握各类票据整理的工作流程，培养学生工匠精神的养成。

### ▶ 知识目标：

1. 了解《中华人民共和国发票管理办法实施细则》《网络发票管理办法》等法律法规。

2. 能正确选择使用开具发票、接收与整理票据。

3. 了解扫描票据所需要的设备、材料等。

### ▶ 技能目标：

1. 能简单掌握相关法律法规，并能在实际业务中应用。

2. 能应用智能票据管理系统录入开票票面数据信息、准确对税控信息进行匹配、复核发票信息、完成发票开具等。

3. 能在智能票据管理系统中采集票据影像、进行票据识别与校验等。

## 思维导图:

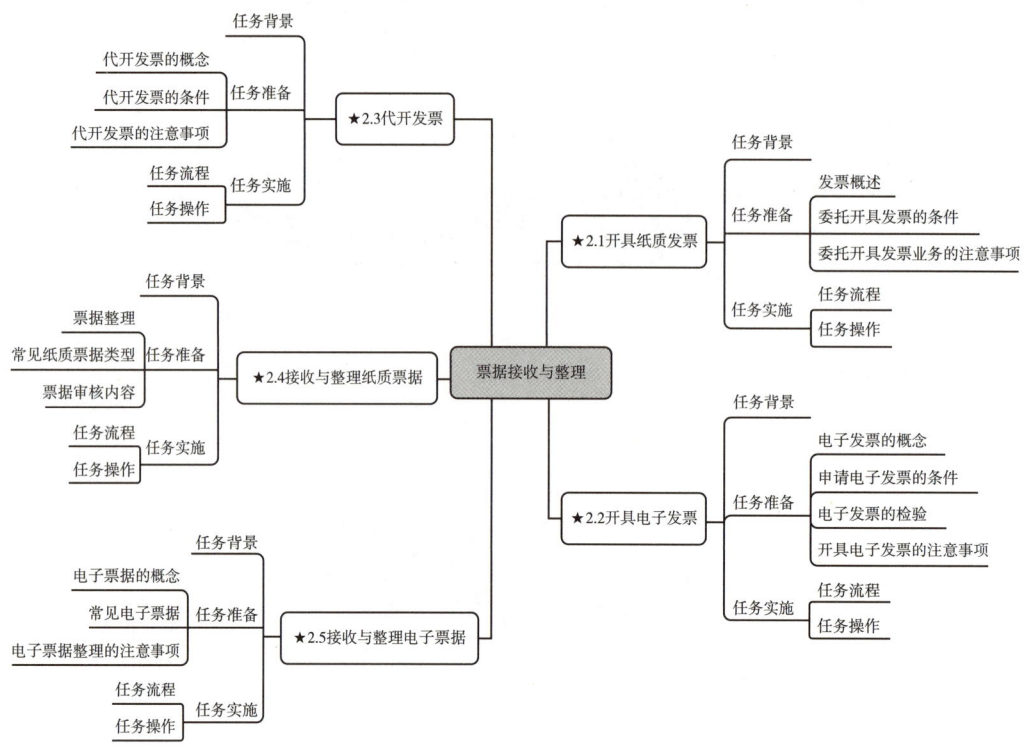

# 任务 2.1
# 开具纸质发票

## 一、任务背景

### (一) 任务场景

成都梧桐财税共享服务中心公司（以下简称"共享中心"）是一家为企业提供财税咨询和财税代理的专业服务公司，该公司与成都双特商贸有限责任公司（以下简称"双特商贸"）签订了代理记账合同。

双特商贸是一家商贸企业，主要销售办公耗材、办公文具、商务礼品等。
实行 2007 年企业会计准则。
代理建账会计期：2022 年 3 月。
统一社会信用代码（纳税人识别号）：91510106M381238481
纳税人类型：一般纳税人。

公司经营地址：成都市金牛区瑞彩路604号。

电话：028-83164262

开户行：中国工商银行成都市金牛区讯日路支行。

开户银行账号：6229714562008431664。

税控盘口令：88888888（默认值）。

税控盘密码：88888888（默认值）。

单张开票限额：1 000 000.00元。

双特公司将2022年3月的代理开具发票业务同时委托了共享中心负责。3月21日，接到客户双特公司发来的销售合同及委托开具发票申请，并按发票信息为其代开发票。

委托开具发票信息如下：

**1. 代开增值税普通发票**

2022年3月14日，开具增值税普通发票，销售商品和客户信息如表2-1所示。

表2-1

| 货物名称 | 规格型号 | 单位 | 数量 | 单价（不含税） | 金额 |
| --- | --- | --- | --- | --- | --- |
| *文具*金属网纹笔筒 | 908方形 | 箱 | 500.00 | 400.00 | 200 000.00 |

客户名称：成都玛雅百货有限公司；

纳税人类型：一般纳税人；

纳税人识别号：91510111567901230Y；

地址、电话：成都市房都区大华路31号 028-83321088；

开户行及账号：中国工商银行股份有限公司成都市怀安路支行 6220025111920003066。

**2. 代开增值税专用发票**

2022年3月16日，开具增值税专用发票，销售商品和客户信息如表2-2所示。

表2-2

| 货物名称 | 规格型号 | 单位 | 数量 | 单价（不含税） | 金额 |
| --- | --- | --- | --- | --- | --- |
| *文化办公用设备*碎纸机 | 911平板系列 | 个 | 200.00 | 1 080.00 | 216 000.00 |
| *纸制品*复印纸 | A4纸 | 箱 | 300.00 | 180.00 | 54 000.00 |

客户名称：北京欢乐购有限公司；

纳税人类型：一般纳税人；

纳税人识别号：91510112M501336001；

地址、电话：成都市通山区西安北路26号 028-83321111；

开户行及账号：中国工商银行股份有限公司成都市通阳支行 6222325221920887664。

（二）任务要求

（1）开具有效的增值税普通纸质发票和增值税专用纸质发票；

（2）对开票信息进行认真核查；

(3) 导入发票信息、填写购买方信息、商品信息，完善票面信息等；
(4) 在智能票据管理系统中进行操作，审核开票信息并开具发票。

## 二、任务准备

### （一）发票概述

#### 1. 发票的概念

发票是指一切单位和个人在购销商品、提供或接受服务以及从事其他经营活动中，所开具和收取的业务凭证，是会计核算的原始依据，也是审计机关、税务机关执法检查的重要依据。

发票是发生的成本、费用或收入的原始凭证。对于公司来讲，发票主要是公司做账的依据，同时也是缴税的费用凭证，而对于员工来讲，发票主要是用来报销的。

#### 2. 发票的作用

（1）发票具有合法性、真实性、统一性、及时性等特征；
（2）发票是记录经济活动内容的载体，是财务管理的重要工具；
（3）发票是税务机关控制税源、征收税款的重要依据；
（4）发票是国家监督经济活动，维护经济秩序，保护国家财产安全的重要手段。

#### 3. 发票的内容

发票的内容一般包括：票头、字轨号码、联次及用途、客户名称、银行开户账号、商品名称或经营项目、计量单位、数量、单价，以及大小写金额、经手人、单位印章、开票日期等。实行增值税的单位所使用的增值税专用发票还应有税种、税率、税额等内容。

#### 4. 发票的种类

《国家税务总局关于全面推开营业税改征增值税试点有关税收征收管理事项的公告》（国家税务总局公告2016年第23号）明确规定，营改增纳税人可以使用的发票种类有：增值税专用发票、增值税普通发票、机动车销售统一发票、增值税电子普通发票、门票、过路（过桥）费发票、定额发票、客运发票、二手车销售统一发票以及国税机关发放的卷式普通发票等。其使用情况说明如下：

（1）增值税一般纳税人，应使用增值税专用发票、增值税普通发票和增值税电子发票；
（2）月不含税销售额超过3万元或季不含税销售额超过9万元的小规模纳税人，应使用增值税普通发票、增值税电子普通发票；
（3）月不含税销售额不超过3万元或季不含税销售额不超过9万元的小规模纳税人，可使用国税通用机打发票；
（4）收取过路（过桥）费纳税人，可使用国税通机打发票；
（5）所有纳税人可根据需要使用通用定额发票；
（6）使用具备开具卷式发票功能收银机的纳税人可以使用通用机打卷式发票。

### （二）委托开具发票的条件

（1）中小微企业的销售量和销售额与大型集团公司相比较小，聘请专业团队或专业财务人员去完成开具发票、做账、报税等一系列财务工作的成本相对较高。而发票委托开具具有低成本的特点,比较适合中小微企业采用。

(2) 进行发票委托开具的代理记账公司都需要根据国家会计相关法律法规的要求成立,其工作人员都具有一定的资格认证和多年的从业经验,保证发票委托开具业务完成的正确性。

(3) 代理记账公司因为代理的公司众多,开票量大,会采用安全、便捷、高效、准确率高的开票软件,以提升开票的质量和效率。

(三) 委托开具发票业务的注意事项

(1) 填开发票的单位和个人必须在发生经营业务确认营业收入时开具发票,未发生经营业务一律不准开具发票。

(2) 开具发票后,如发生销货退回需开具红字发票的,必须收回原发票并注明"作废"字样或取得对方有效证明。开具发票后,如发生销售折让的,必须在收回原发票并注明"作废"字样后重新开具销售发票或取得对方有效证明后开具红字发票。

(3) 单位和个人在开具发票时,必须做到按照号码顺序填开,填写项目齐全,内容真实,字迹清楚,全部联次一次打印,内容完全一致,并在发票联和抵扣联加盖发票专用章。

(4) 开具发票应当使用中文。民族自治地方可以同时使用当地通用的一种民族文字。

(5) 加强对发票管理人员的培训,提高发票管理人员的素质和执法意识。

## 三、任务实施

(一) 任务流程

开具纸质发票流程见图 2-1。

图 2-1 开具纸质发票流程

(二) 任务操作

市场上代理记账公司使用的开票软件种类多,现以票天下云平台为例,讲解开具发票操作流程。

**1. 查阅纳税主体基本信息**

进入票天下云平台,单击系统左侧"基础设置"菜单,选择"纳税主体管理",在纳税主体管理界面,单击开票公司名称"成都双特商贸有限责任公司",右侧显示该公司相关信息,如图 2-2 所示。

**2. 导入发票和开票限额设定**

(1) 单击系统左侧"云开票"菜单,选择"发票登记",显示发票登记界面。在"开票终端"选项选择该公司对应的开票终端"成都双特商贸有限责任公司",在"发票类型"选项选择发票类型"普通发票",如图 2-3 所示。

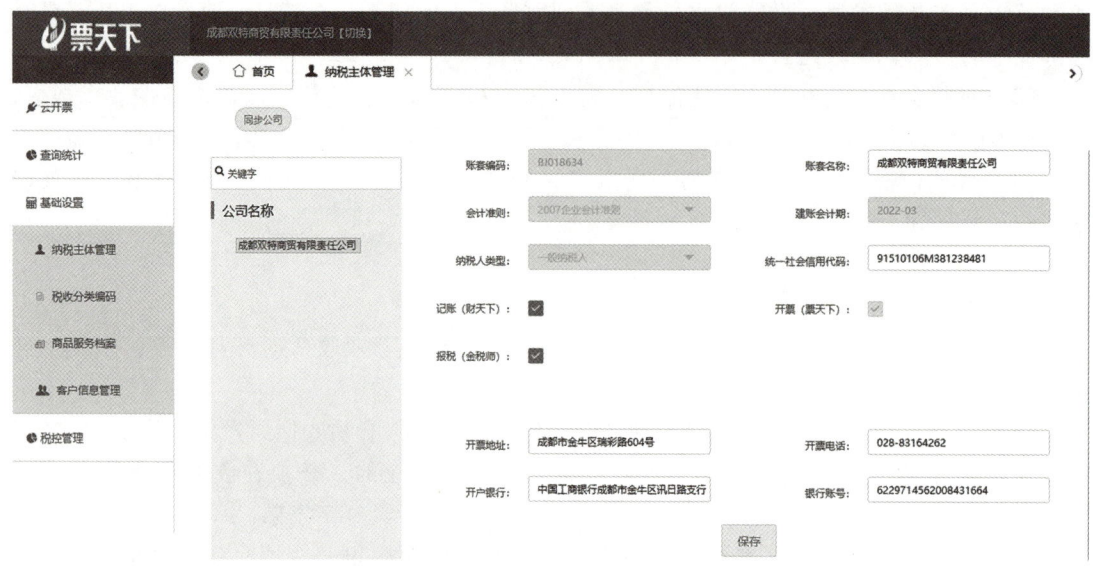

图2-2 纳税主体信息

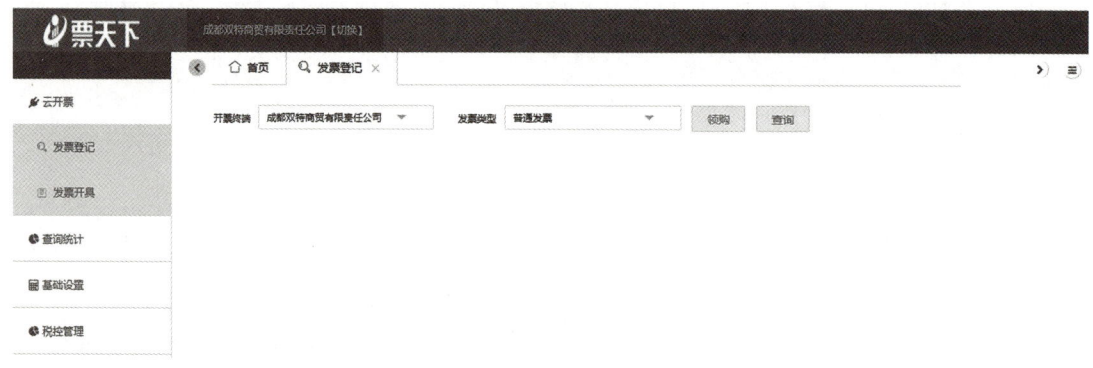

图2-3 发票登记与发票类型

(2)单击"领购"按钮,弹出"税控盘密码"窗口,输入密码:88888888,单击"确定"按钮,如图2-4所示。

单元 2　票据接收与整理

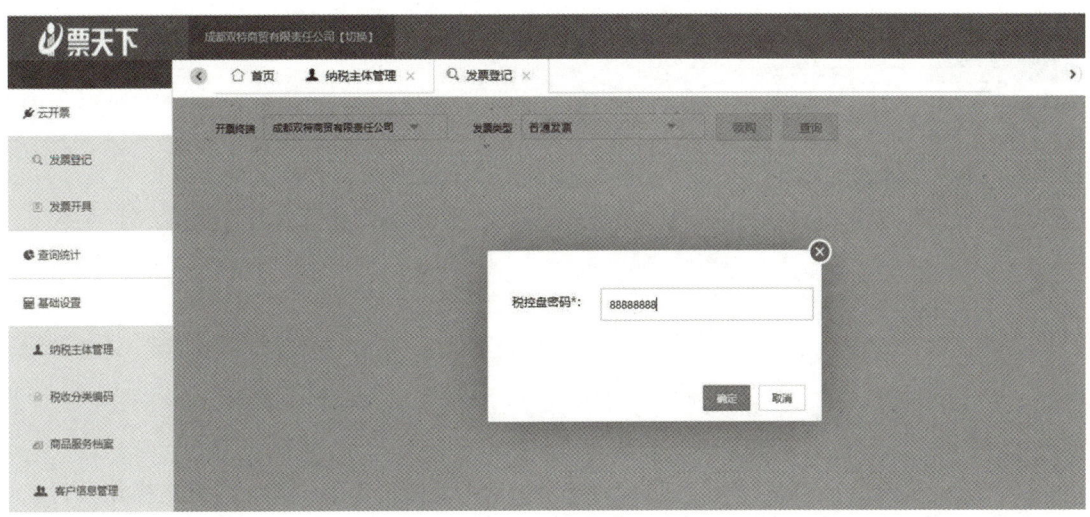

图 2-4　输入税控盘密码

（3）确定后，系统弹出"数量"窗口，输入领用数量"5"，单击"确定"按钮，如图 2-5 所示。

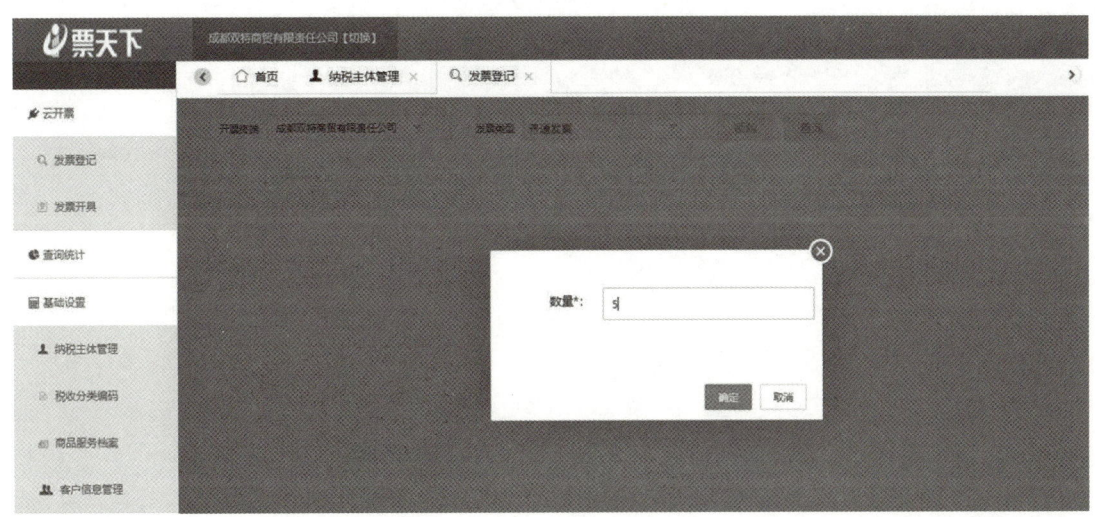

图 2-5　输入数量

（4）输入完成后，在系统界面，可以查看已领购发票的起止号码等发票信息，如图 2-6 所示。

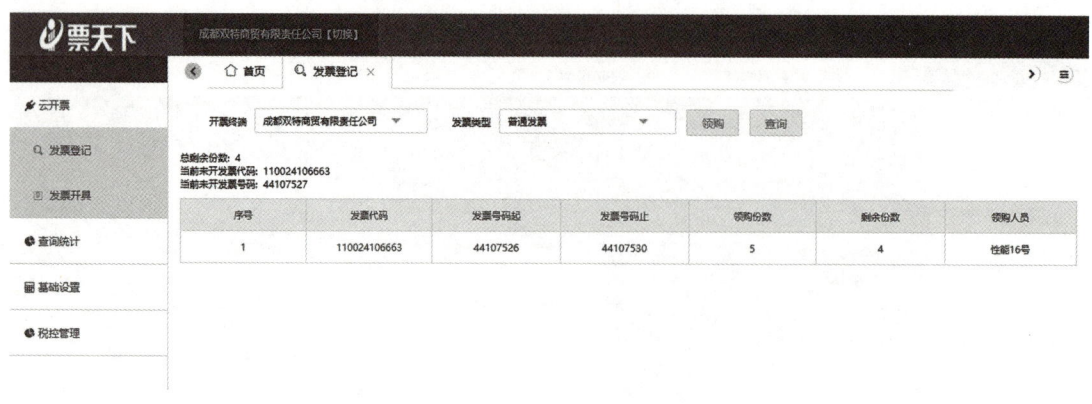

图 2-6　发票登记信息

（5）"专用发票"的发票登记与"普通发票"的发票登记步骤一致。详见本操作（1）~（4）。

（6）单击系统左侧"税控管理"菜单，选择"开票网点管理"，单击修改，弹出对话框，修改单张开票限额：1 000 000.00，单击"保存"按钮，如图 2-7、图 2-8 所示。

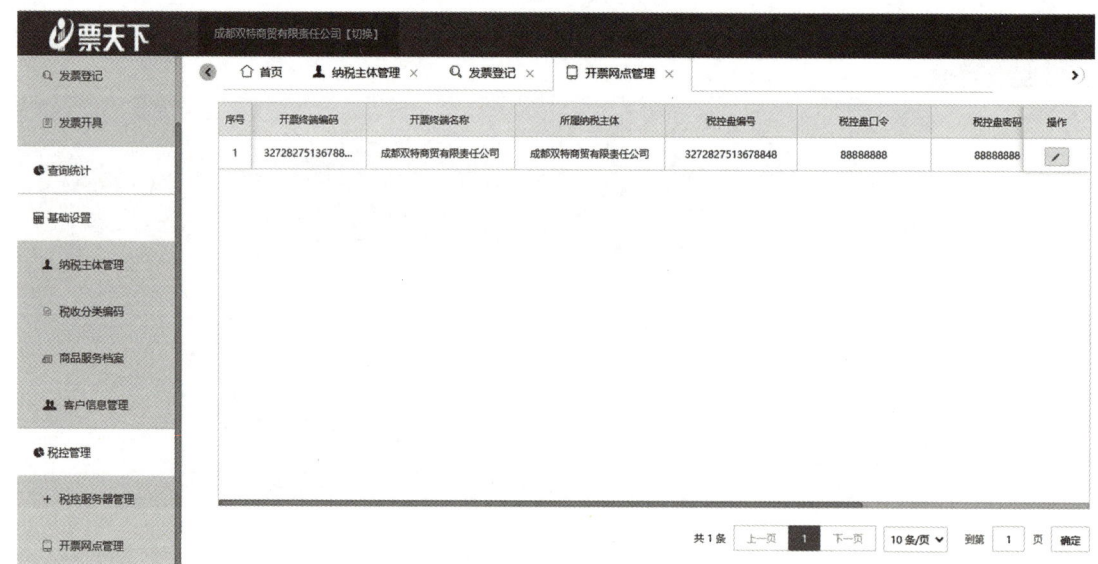

图 2-7　开票网点管理

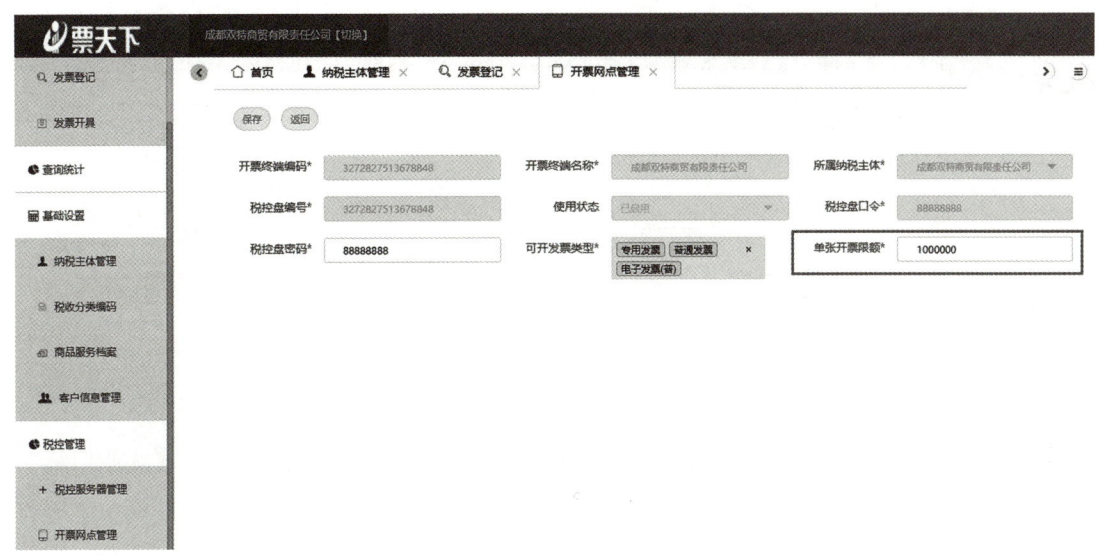

图 2-8 单张开票限额

**3. 填写购买方信息**

(1) 单击系统左侧"基础设置"—"客户信息管理"菜单,单击"新增"按钮,如图 2-9 所示。

图 2-9 新增客户信息管理

(2) 分别填写"客户名称""银行账号""开户银行""纳税人识别号""地址""电话"等,单击"保存"按钮,如图 2-10 所示。

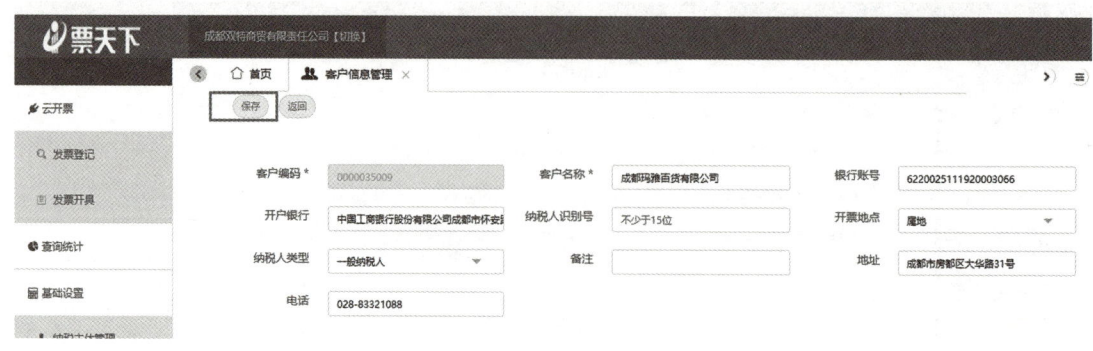

图 2-10　填写客户信息管理

（3）在"客户信息管理"中可查询客户信息，如图 2-11 所示。如果第一次使用票天下系统为购买方客户开票，需要先在"客户信息管理"菜单中维护客户信息，第二次则可以直接使用，无须再次输入。

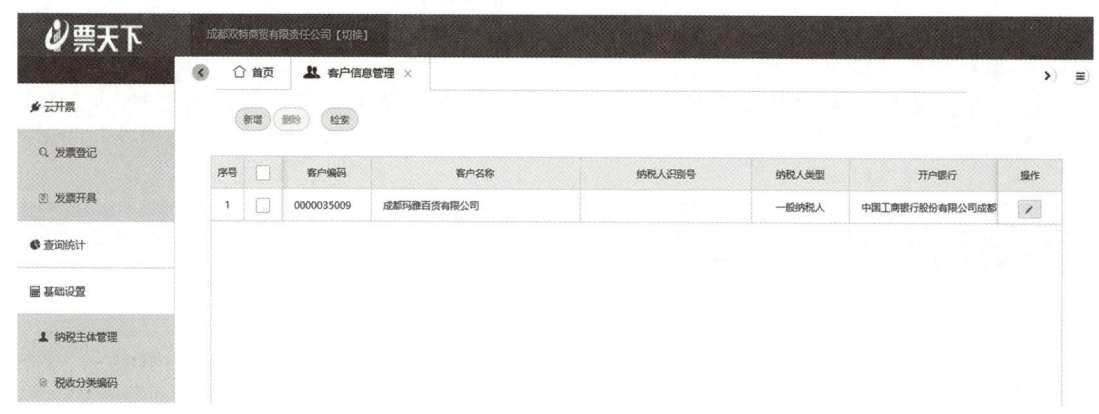

图 2-11　查询客户信息

### 4. 填写商品信息

（1）单击系统左侧"基础设置"—"商品服务档案"菜单，在"税收分类"输入关键字"文具"检索，如图 2-12 所示。

（2）选择最末级"纸质文具及用品"，单击"新增"按钮，如图 2-13 所示。

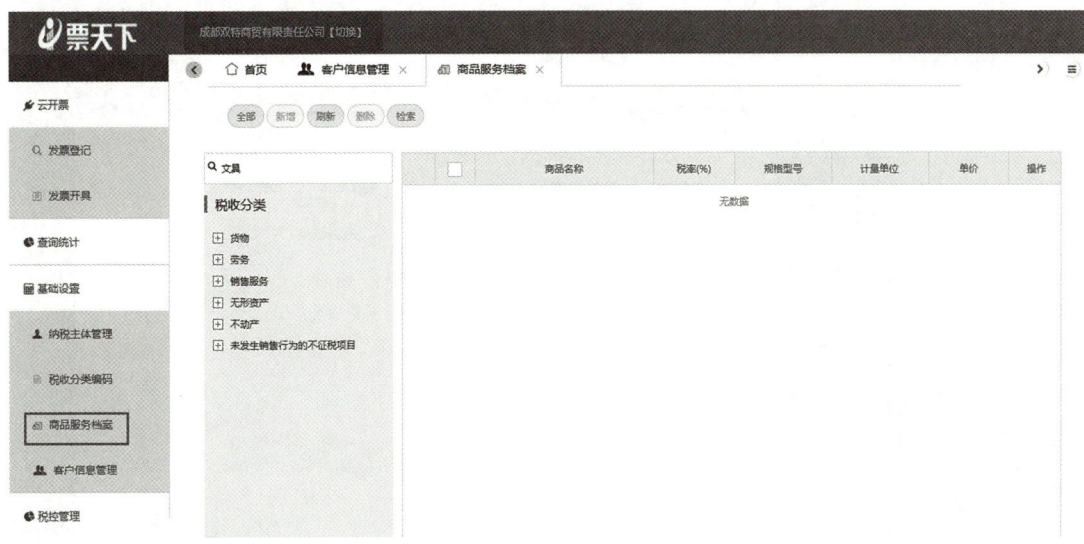

图 2-12　商品服务档案

图 2-13　新增商品服务档案

（3）在弹出"新增商品"界面，分别输入"商品服务名称""型号""参考单价"，点选"计量单位""税率"，单击"确定"按钮，如图 2-14 所示。

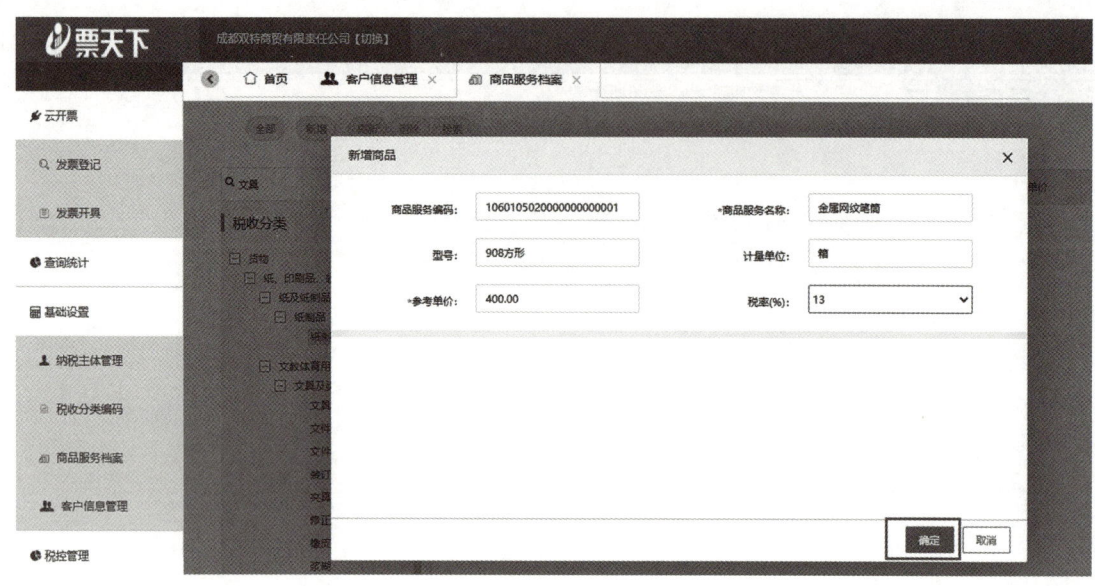

图 2-14 填写商品服务档案

(4) 在"商品服务档案"中可查询商品信息,如图 2-15 所示。如果第一次使用商品名称,需要先在"商品服务档案"菜单中维护商品信息,第二次则可以直接使用,无须再次输入。

图 2-15 查询商品服务档案

**5. 开具发票**

(1) 单击系统左侧"发票开具"菜单,修改"税控所属日期",单击"新增"按钮,如图 2-16 所示。

图 2-16 新增发票开具

（2）在发票开具弹出对话框后，点选"普票（纸）""不含税"，系统会自动弹出销方信息。根据业务内容选择客户信息，填写无误后单击"暂存"按钮，如图 2-17 所示。

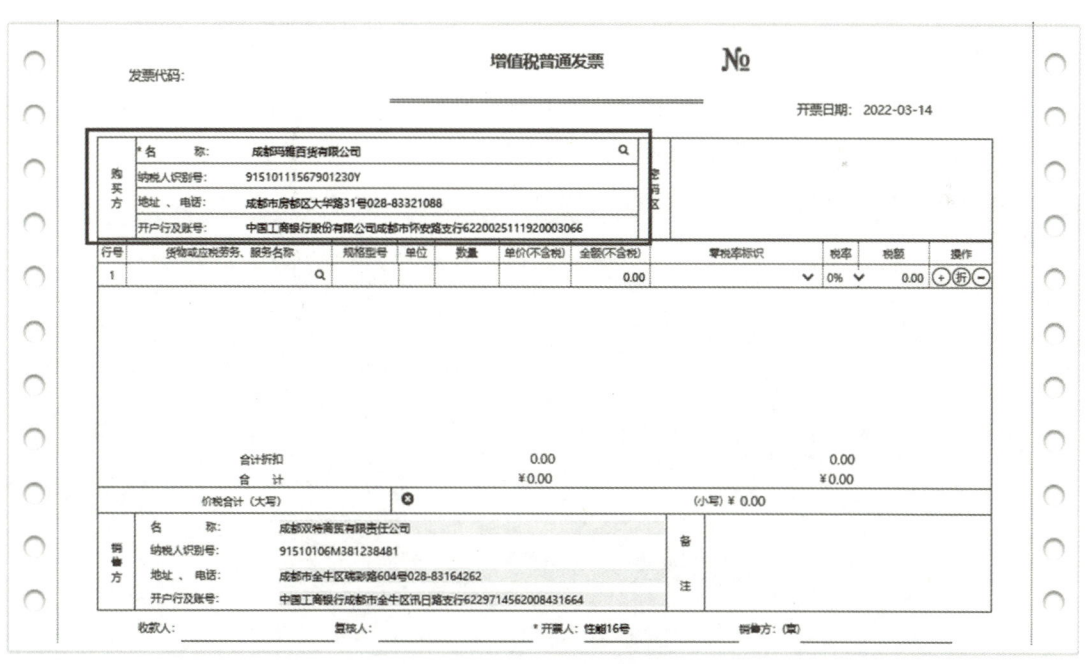

图 2-17 点选客户信息

（3）选择商品信息，单击"货物或应税劳务、服务名称"，点选"*纸制品*金属网纹笔筒"，填写商品信息，确认商品名称后，输入数量：500，"单价""金额""税款"会自动弹出和计算，如图 2-18 所示。

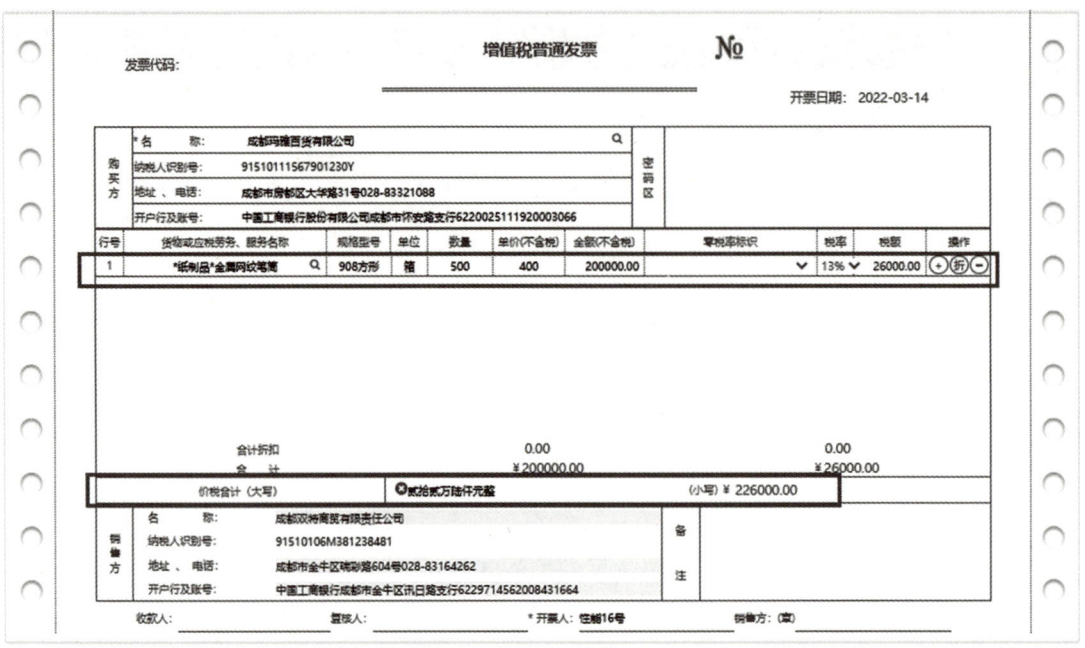

图 2-18 填写商品信息

（4）确认发票信息无误后，单击"发票开具"按钮。等待开具成功后，最终列表页面第一条数据就会显示刚刚开具的发票信息，如图 2-19、图 2-20 所示。

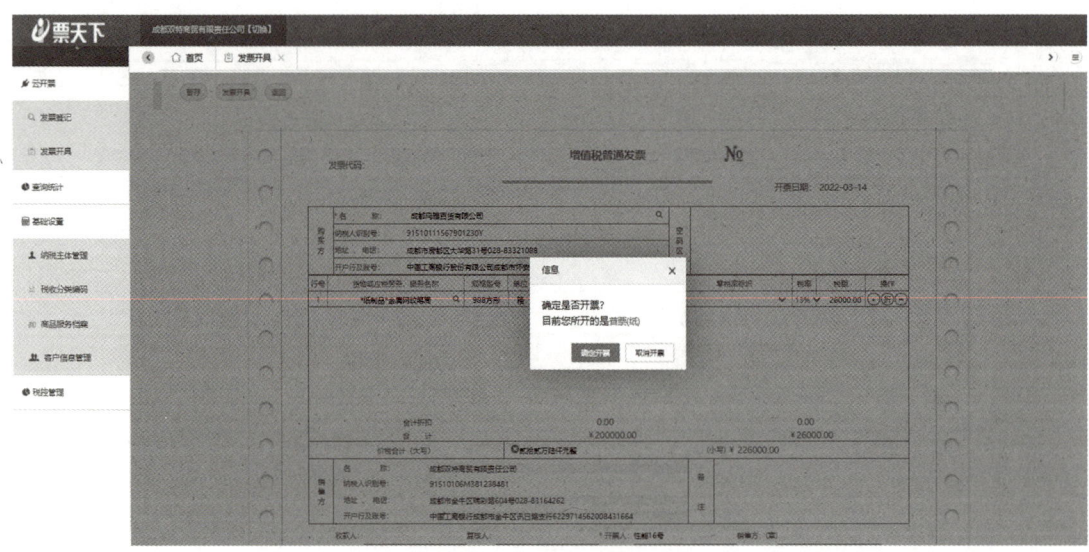

图 2-19 确认发票开具信息

**6. 操作流程**

任务 2 增值税专用发票开具的操作流程与普通发票开具类似，这里不再赘述。

单元 2　票据接收与整理

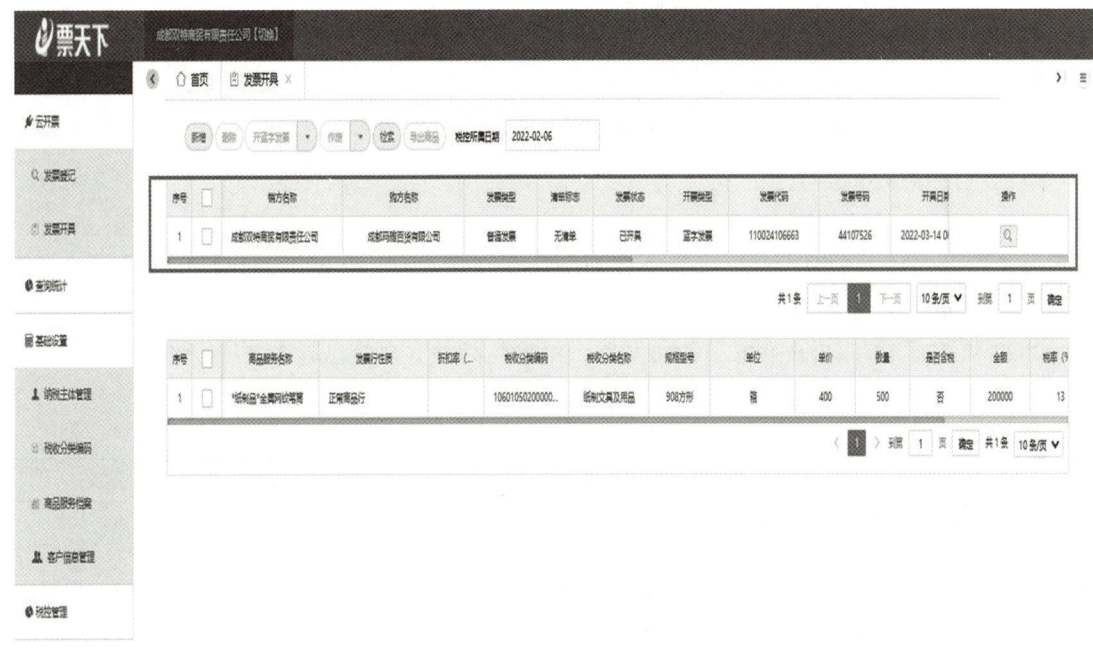

图 2-20　查询开票信息

# 任务 2.2
# 开具电子发票

## 一、任务背景

### （一）任务场景

与任务 2.1 开具纸质发票任务场景相同。
委托开具发票信息如下：
**1. 代开电子发票**
2022 年 3 月 17 日，开具电子普通发票，销售商品和客户信息如表 2-3 所示。

表 2-3

| 货物名称 | 规格型号 | 单位 | 数量 | 单价（不含税） | 金额 |
| --- | --- | --- | --- | --- | --- |
| *纸制品*标签纸 | 小可爱 8# | 箱 | 10.00 | 60.00 | 600.00 |
| *文具*文件盒 | 蓝色 6# | 箱 | 50.00 | 200.00 | 10 000.00 |

客户名称：成都品道物业管理有限公司；
纳税人类型：一般纳税人；
纳税人识别号：91510108M501556002；
地址、电话：成都市海山区五里路2号 028-83326038；
电话：13983326038
邮箱：83326038@163.com
开户行及账号：中国工商银行股份有限公司成都市五里支行 6222325345464918970。

**2. 开具电子普通发票**

2022年3月18日，开具电子普通发票，销售商品和客户信息如表2-4所示。

表2-4

| 货物名称 | 规格型号 | 单位 | 数量 | 单价（不含税） | 金额 |
| --- | --- | --- | --- | --- | --- |
| *文化办公用设备*碎纸机 | 911平板系列 | 个 | 30.00 | 1 080.00 | 32 400.00 |
| *文具*文件盒 | 蓝色6# | 箱 | 100.00 | 200.00 | 20 000.00 |

客户名称：成都蓝华商贸有限公司；
纳税人类型：一般纳税人；
纳税人识别号：91510101M301226005；
地址、电话：成都市东里区东华街8号 028-83325566；
电话：13983325566
邮箱：83325566@163.com
开户行及账号：中国工商银行股份有限公司成都市东华支行 6225021745554910933。

#### （二）任务要求

（1）开具有效的增值税普通电子发票；
（2）对开票信息进行认真核查；
（3）选择开票类型、填写开票信息及接收信息等；
（4）在系统中进行操作，审核开票信息并开具发票。

### 二、任务准备

#### （一）电子发票的概念

电子发票是信息时代的产物，同普通发票一样，采用税务局统一发放的形式给商家使用，发票号码采用全国统一编码，采用统一防伪技术，分配给商家，在电子发票上附有电子税务局的签名机制。

《国家税务总局关于推行通过增值税电子发票系统开具的增值税电子普通发票有关问题的公告》（国家税务总局公告2015年第84号）第三条规定，增值税电子普通发票的法律效力、基本用途、基本使用规定等与税务机关监制的增值税普通发票相同。

## （二）申请电子发票的条件

（1）企业应购买税控设备。

（2）企业应携带相关材料至当地国税局进行核定和申领工作。核定及申领一般所需材料包括：公章、发票专用章；税控盘或者金税盘；电子发票购票人身份证原件及复印件；税务登记证或三证合一证书复印件；网络（电子）发票业务申请表；纳税人领用发票票种核定表；纳税人票种核定流转单、选择一个电子发票服务商等。

## （三）电子发票的检验

根据《国家税务总局关于增值税发票综合服务平台等事项的公告》，单位和个人可以登录全国增值税发票查验平台（https：//inv-veri.chinatax.gov.cn）进行检验。

## （四）开具电子发票的注意事项

（1）确认委托方使用的税控设备是增值税发票系统最新版本；

（2）明确是否领购电子发票，确认领购电子发票数量；

（3）准确选择开票类型；

（4）填写电子发票时需填写联系方式（接收手机号或电子邮箱）。

## 三、任务实施

### （一）任务流程

开具电子发票流程见图2-21。

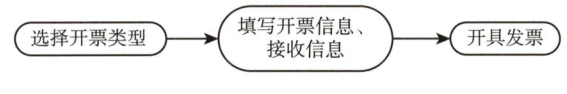

**图2-21 开具电子发票流程**

### （二）任务操作

**1. 选择开票类型**

（1）参照任务2.1纸质发票开具操作流程，在"云开票"菜单下，执行"发票登记"命令，进行领购电子发票操作，见图2-3~图2-6领购电子发票。

（2）输入完成后，在系统界面，可以查看已领购发票的起止号码等发票信息，如图2-22所示。

# 36 电子票据技术应用

图 2-22 电子发票领购信息

（3）单击系统左侧"发票开具"菜单，修改"税控所属日期"，单击"新增"按钮。在发票开具弹出的对话框中，点选"普票（电）""不含税"。

**2. 填写开票信息、接收信息**

（1）根据业务1完成客户信息填写，在"云开票"菜单下，执行"基础设置"—"客户信息管理"命令，如图2-23所示。如果已在初始设置中完善了"客户信息管理"，此处可直接点选。

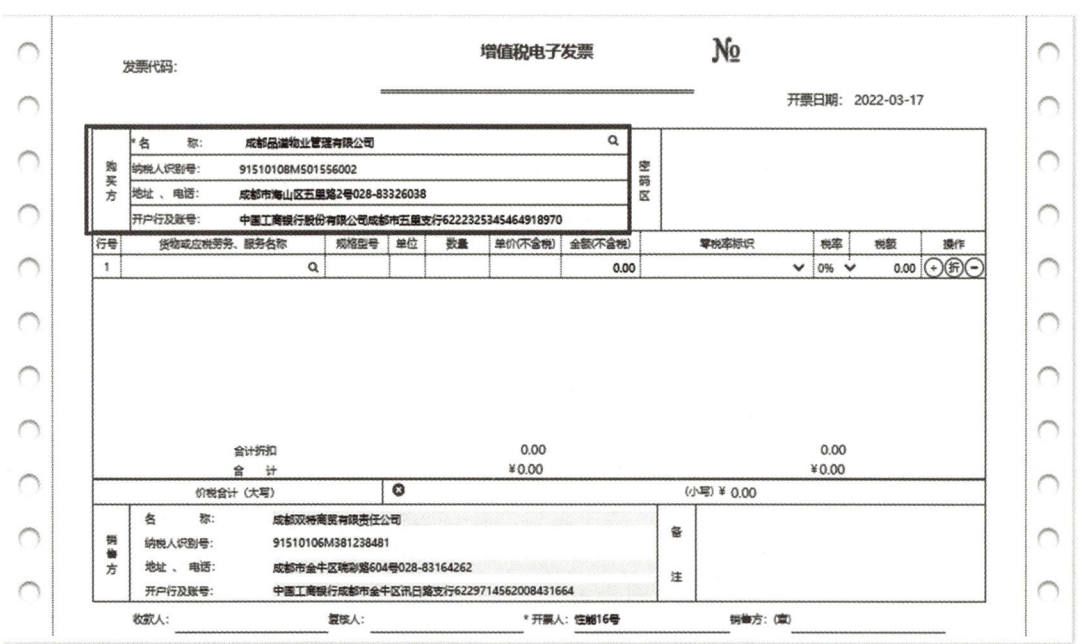

图 2-23 客户信息填写

（2）根据业务1完成商品信息填写，在"云开票"菜单下，执行"基础设置"—"商品服务档案"命令，完成商品信息填写，如图2-24所示。如果已在初始设置中完善了"客户服务档案"，此处可直接点选。

单元 2　票据接收与整理

图 2-24　商品行信息填写

（3）根据发票信息，完成发票录入与填写，按"＋"进行增行操作，如图 2-25 所示。

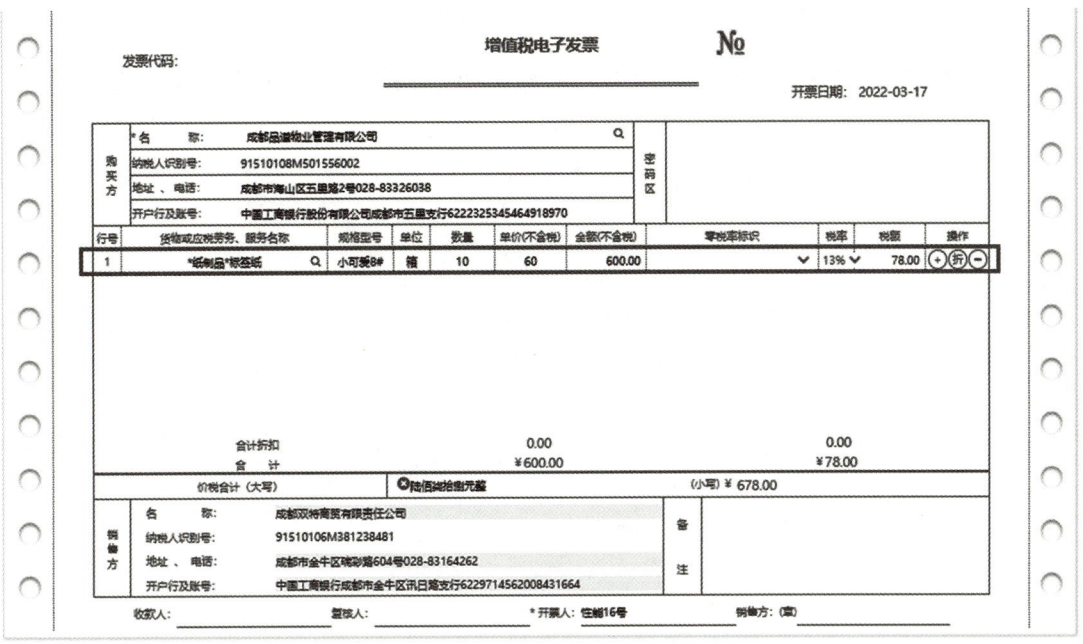

图 2-25　发票信息录入

（4）填写接收人电话和邮箱信息，如图2-26所示。

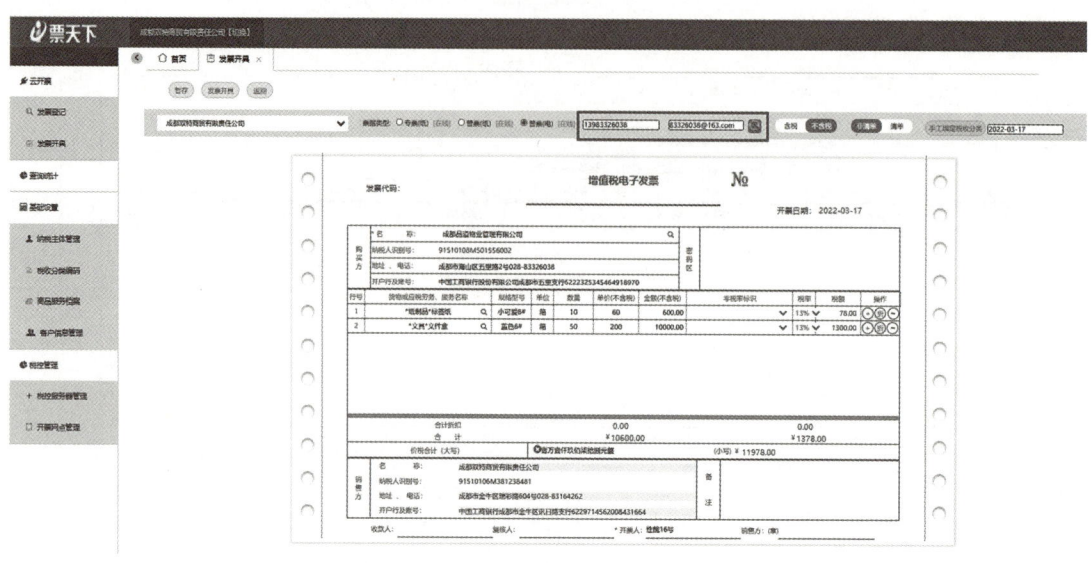

图2-26 接收人电话和邮箱信息

### 3. 开具发票

核对发票各项目信息，审核无误后，确认开具发票，如图2-27、图2-28所示。

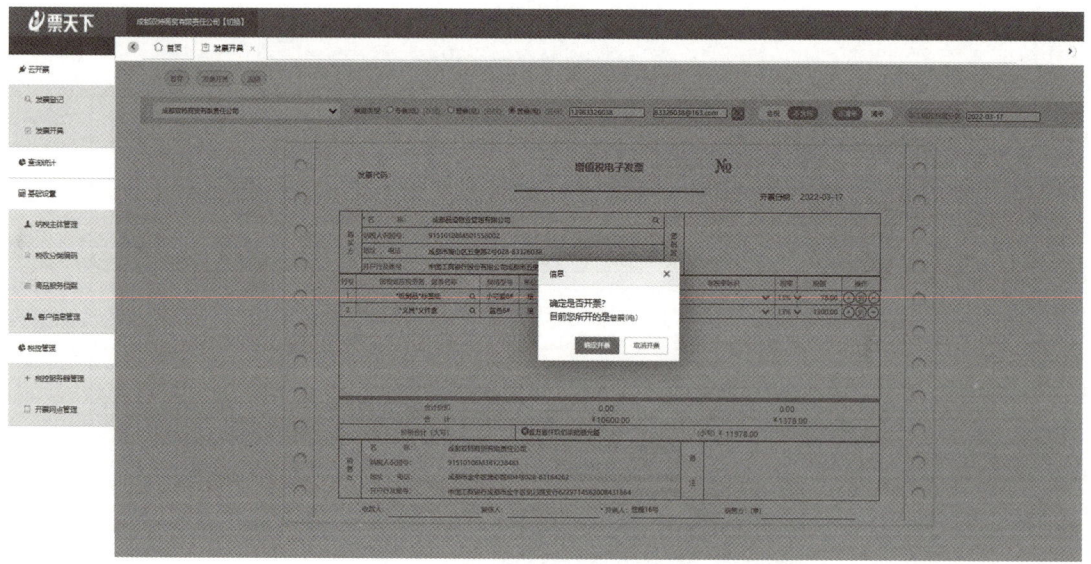

图2-27 确认开具电子普通发票

### 4. 操作流程

任务2电子专用发票的操作流程与任务1一致，这里不再赘述。

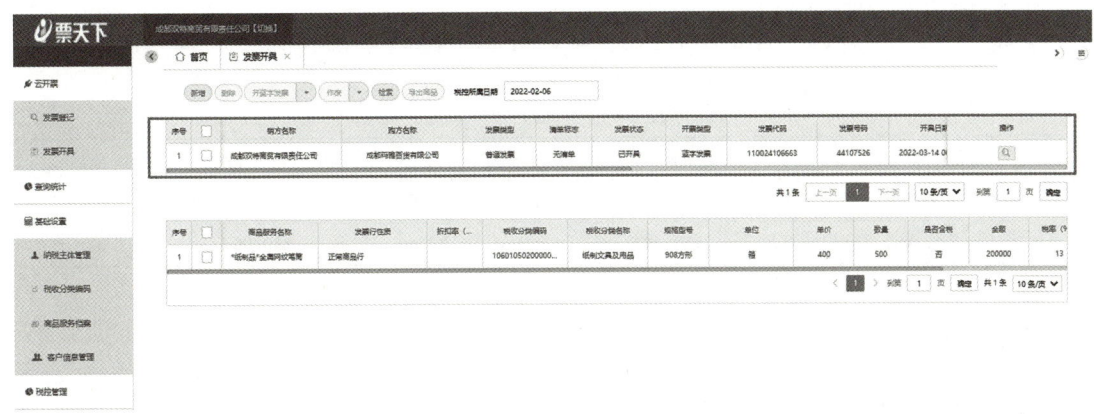

图 2-28 开具电子普通发票

# 任务 2.3
# 代开发票

## 一、任务背景

### (一) 任务场景

成都文文商贸有限公司（以下简称"文文商贸"）是一家经营小型家用电器的小规模纳税人，不具备开具增值税专用发票的资质。该公司统一社会信用代码（纳税人识别号）：91510115M648086165；经营地址、电话：成都市大扇区科春路325号 028-83329311；开户行：中国工商银行成都市科春路支行；开户账号：6222411919894246614。

2022年3月，文文商贸与共享中心签订了代理记账委托合同，同时授权共享中心在成都市税务局（或税务局网站）代开增值税专用发票。

委托代开发票信息如下：

购买方：成都博里装饰有限公司；

纳税人类型：一般纳税人；

纳税人识别号：91510105217976515P；

地址、电话：成都市朝门区竹林路1号 028-83327777；

开户行及账号：中国工商银行股份有限公司成都市竹林支行 6222521045794950912；

收货人：丽丹

电话：13573326035

邮箱：73326035@163.com

邮编：610000

2022年3月21日，开具增值税专用发票，销售商品和客户信息如表2-5所示。

表2-5

| 应税服务名称 | 规格型号 | 单位 | 数量 | 单价（不含税） | 金额 |
| --- | --- | --- | --- | --- | --- |
| *家用水及饮料加热器具*饮水机 | 双门调温 | 台 | 10.00 | 560.00 | 5 600.00 |
| *家用电热取暖器具*取暖器 | 广角摇头 | 台 | 20.00 | 120.00 | 2 400.00 |

（二）任务要求

（1）对开票信息进行认真核查；
（2）登录电子税务局网站，提供合同及开票信息填写代开发票申报单；
（3）在系统中进行操作，预览开票信息，开具发票并填写邮寄发票地址。

## 二、任务准备

（一）代开发票的概念

代开发票是指暂时或不符合领购发票资格的企业在发生购销业务、提供劳务服务、转让无形资产、销售不动产及税法规定的其他商事活动（餐饮、娱乐业除外）过程中，需要开具发票时，寻找一个代理开票者帮其开具税务发票的行为。

（二）代开发票的条件

根据《国家税务总局关于加强和规范税务机关代开普通发票工作的通知》，企业有下列情形之一的，可以向主管税务机关申请代开发票：
（1）依法不需要办理税务登记，临时取得收入的；
（2）正在申请办理税务登记的；
（3）外省、自治区、直辖市来本辖区从事临时经营活动的纳税人未被核准领购发票的；
（4）被税务机关依法收缴发票或停供发票的；
（5）其他不符合领购发票条件的。

（三）代开发票的注意事项

（1）要有经济业务发生的书面证明，否则开票人未销售货物或者提供劳务而代索票人开具发票的行为均属于虚开发票。《中华人民共和国发票管理办法实施细则》第二十六条规定：凡需向税务机关申请开具发票的单位和个人，均应提供发生购销业务，提供接受服务或者其他经营活动的书面证明，对税法规定应当缴纳税款的，税务机关应当在开具发票的同时征税。

（2）已办理税务登记的小规模纳税人（包括个体经营者）以及国家税务总局确定的其他可予代开增值税专用发票的纳税人可以向所属范围内的税务机关提交增值税专用代开发票申请。

（3）只有税务机关才有"代开发票"的权利。根据《中华人民共和国发票管理办法》第二十四条的规定：任何单位和个人不得转借、转让、代开发票。

（4）申请代开发票需符合代开发票条件，在开具发票前完成税务登记，并按规定程序进行申请和资料提交。

### 三、任务实施

（一）任务流程

代开发票流程见图2-29。

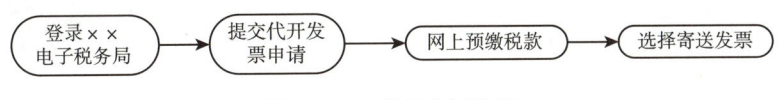

图2-29 代开发票流程

（二）任务操作

**1. 登录电子税务局**

（1）将客户文文商贸的"一证通证书"插入计算机USB插口。

（2）进入成都市电子税务局网站，然后单击"我要办税"按钮，进入登录界面，如图2-30所示。

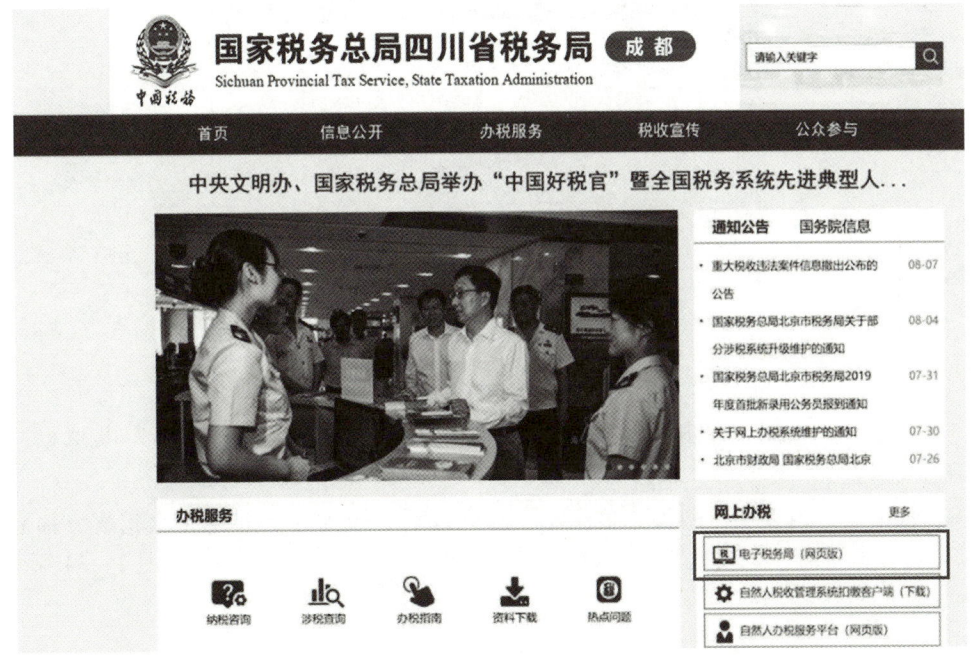

图2-30 成都市电子税务局界面

（3）根据企业实际情况在登录界面选择一种登录方式，按要求输入对应登录信息，单击"登录"按钮，完成登录，如图 2-31 所示。

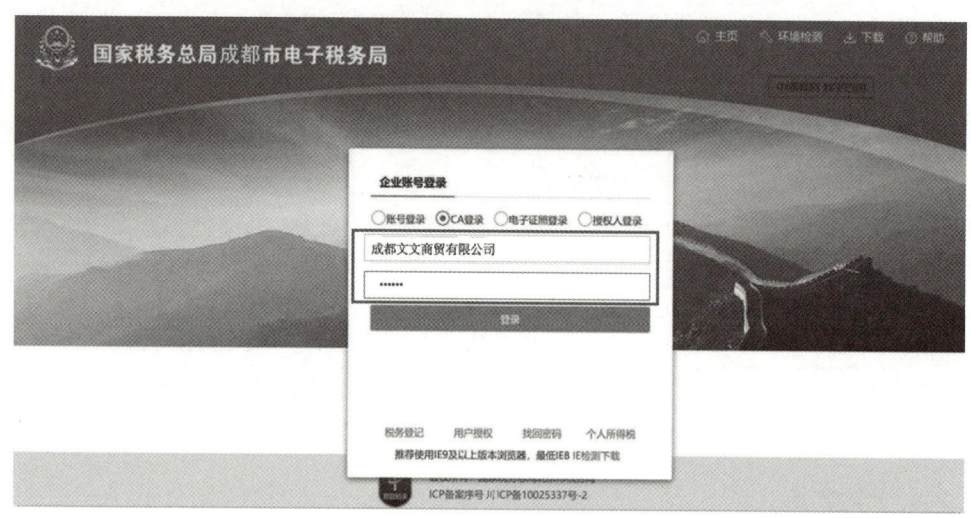

图 2-31　企业登录界面

（4）进入首页，根据实际情况选择，本例选择"专用发票代开（邮寄配送）"方式，如图 2-32 所示。

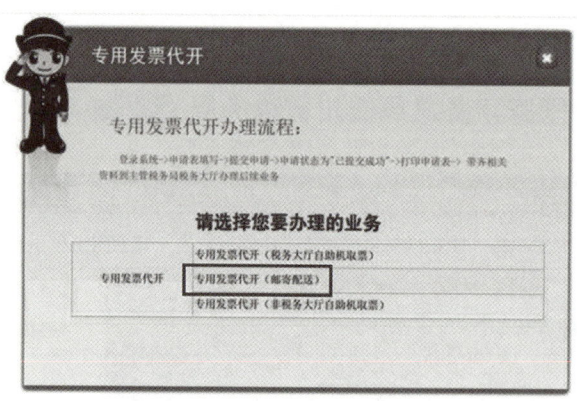

图 2-32　选择办理业务

（5）单击系统左侧"代开发票"菜单，单击"代开增值税专用发票"菜单栏，如图 2-33 所示。

（6）根据业务内容填写购买方信息。填写完成后系统通常会自动带出销售方信息，若未自动带出，则需要手动输入填写，确认无误后单击"下一步"按钮，如图 2-34 所示。

单元 2　票据接收与整理

图 2-33　代开增值税专用发票

图 2-34　买卖双方信息

（7）根据业务内容填写商品行信息。分别填写税收分类及细类、数量、单价和税率，若需增加商品行，单击"增行"按钮，再次填写商品行信息，如图2-35所示。

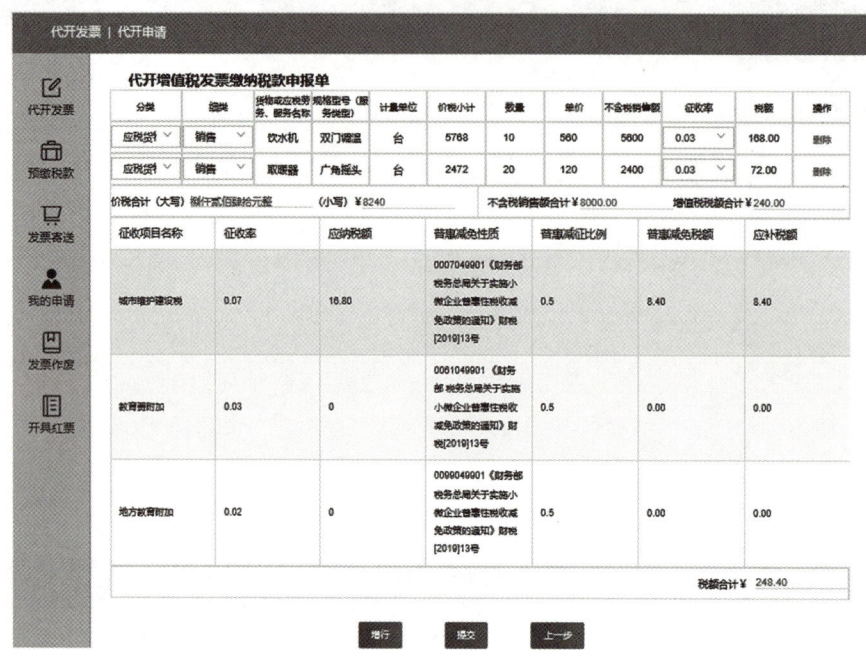

图2-35 商品信息

## 2. 提交代开发票申请

以上信息确认无误后单击"提交"按钮，如图2-36所示。

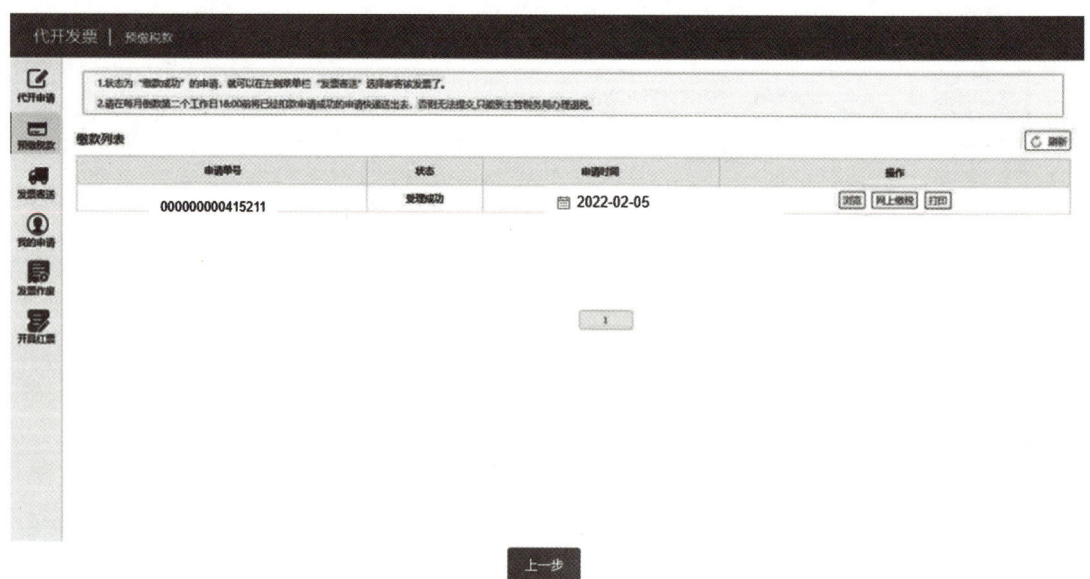

图2-36 提交代开发票申请

### 3. 网上预缴税款

单击"预览"按钮，资料审核无误后，单击"网上缴税"按钮，提交并预缴税款，如图 2-37、图 2-38 所示。

图 2-37 预览界面

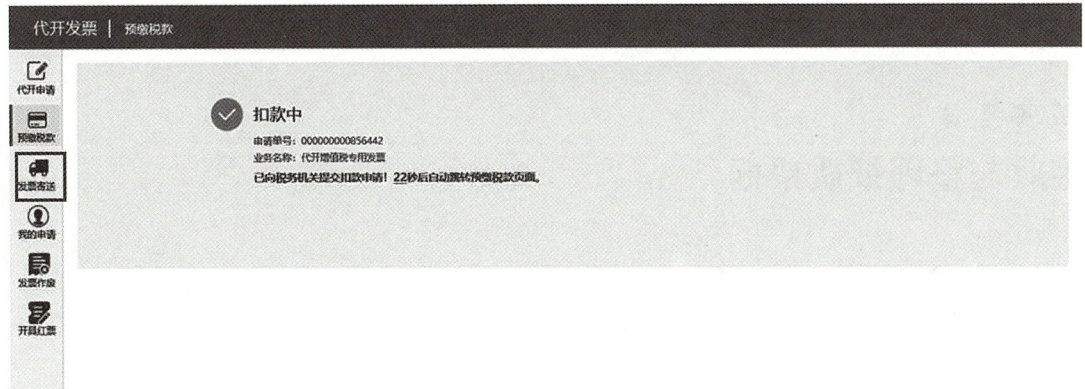

图 2-38 网上缴税界面

### 4. 选择寄送发票

填写收货地址，进行"发票寄送"，如图 2-39、图 2-40 所示。

图 2-39　填写收货地址

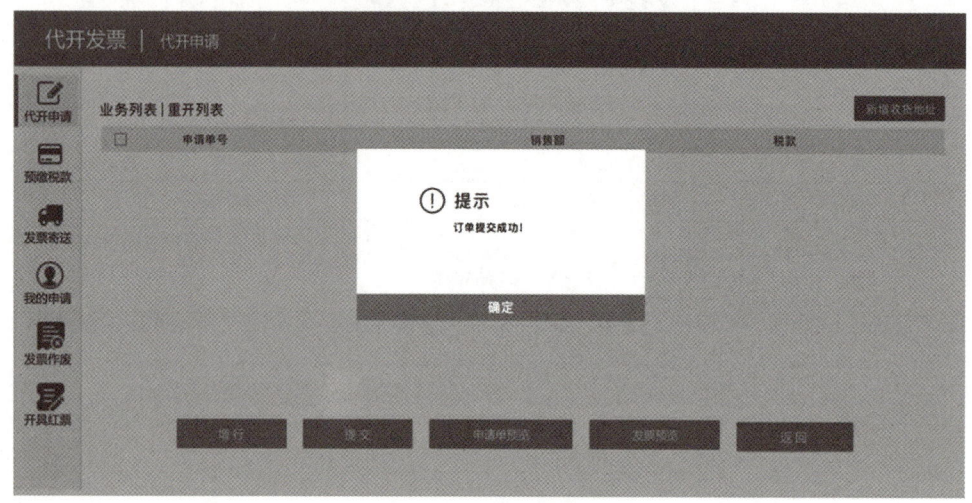

图 2-40　完成发票寄送

# 任务 2.4
# 接收与整理纸质票据

## 一、任务背景

### （一）任务场景

与任务 2.1 开具纸质发票任务场景相同。

2022 年 3 月将各类票据整理业务外包给共享中心，双方签订了外包服务合同。共享中心已经为该公司开通票据管理系统，公司已设置基础信息。共享中心经办人员接收双特商贸提供的纸质发票。

（二）任务要求

（1）对接收的纸质票据进行检查，核对是否完整；
（2）对纸质票据进行归类整理。

## 二、任务准备

（一）票据整理

### 1. 票据的概念与票据获取

票据是原始凭证，是会计记账最基础的资料，是证明企业经济业务发生最有效的证据。

企业会计人员获取票据时，应先排除不合规的票据，再进行分类处理。实务工作中，应根据票据信息读懂业务内容，判断业务类型；对重点内容做票据审核。

### 2. 判断业务类型及票据

根据不同类型的经济业务，可将票据分为八大业务类型，分别是销售类、收款类、转款类、采购类、费用类、付款类、工资类、成本类。对于无法准确归类到这八大业务类型中的票据，记入其他，如表2-6所示。实际工作中，各个企业归集经济业务的类型有所不同。因此，判断何种票据对应何种业务类型是十分关键的。

表2-6  常见业务类型及票据

| 票据类型 | 票据所涉内容 | 常见票据 |
| --- | --- | --- |
| 采购类 | 采购商品、原材料等 | 发票等 |
| 销售类 | 销售商品、原材料等 | 发票等 |
| 费用类 | 租赁费、差旅费、交通费等 | 各类报销单、发票等 |
| 收款类 | 销售货物款项、提供应税服务款项等 | 银行业务回单（收款）等 |
| 付款类 | 支付货款、缴纳税费等 | 银行业务回单（付款）、银行电子缴税付款凭证等 |
| 转款类 | 支付货款、存取款等 | 银行业务回单（付款）等 |
| 工资类 | 计提、发放工资等 | 工资汇总表、工资明细表等 |
| 成本类 | 领用原材料、产成品入库等 | 出库单、库存单据等 |
| 其他类 | 盘亏盘盈、结转税费、计提税款等 | 盘亏盘盈计算表、未交增值税计算表等 |

（二）常见纸质票据类型

### 1. 采购类发票接收与整理

（1）采购发票的概念。采购发票是供应商开给购货单位，据以付款、记账、纳税的依据。包括采购专用发票和采购普通发票。

其中专用发票是指增值税专用发票，是一般纳税人销售货物或者提供应税劳务所开具的发票，发票上记载了销售货物的售价、税率以及税额等，购货方以增值税专用发票上记载的购入货物已支付的税额作为扣税和记账的依据。普通发票是指除了专用发票之外的发票或其他收购凭证。

（2）采购类业务票据内容核对。如果企业是增值税一般纳税人，发生采购业务，收到供应商开具的增值税专用发票，需在规定的期限内进行发票认证，生成认证清单。因此，将已认证的进项发票相关数据与认证清单进行核对，可以有效地检查采购类业务票据是否齐全，避免企业多缴税。

### 2. 销售类发票接收与整理

（1）销售发票的概念：销售发票是一种用来表明已销售商品的规格、数量、价格、销售金额、运费和保险费、开票日期、付款条件等内容的凭证。

（2）销售类发票接收的注意事项：

①要求委托企业提供从税控盘导出的全部开票记录的电子版文件，与企业提供的纸质发票和电子发票信息进行核对，检查是否完整；

②根据发票上注明的增值税税率不同分别整理，将相同税率的发票归集到一起；

③增值税专用发票的联次是否准确，企业应保留记账联等联次。

（3）销售类业务票据内容核对。抄税清单详细登记企业开具的增值税专用发票，可用作抄税依据。将整理好的销售类票据与抄税清单核对，便可以清楚地知道企业销售业务是否出现遗漏、账证不符等情况。实务中，如果发现销售票据出现遗漏，需及时与提供票据的人员沟通，补足票据。

### 3. 费用类发票接收与整理

（1）费用类票据的概念：费用类票据是在购进物品或消费，在付款的同时向收款方索要的发票。

费用类发票包括支出的各种费用开具的发票。例如：餐费、办公用品、日用品、劳保、服务费、打车费、停车费、过路费、充值费、公交费、电话费、维修费、租赁费等各种支出所开具的发票。

（2）费用类发票整理的注意事项：费用类发票在进行整理时，首先划分费用类发票业务类型，其次将划分好业务类型的发票进行计数，粘贴并做好标注，最后根据业务内容判断需要记入的费用科目。

### 4. 成本类发票接收与整理

（1）成本类发票的概念：成本发票是公司销售商品或者加工商品过程中所消耗的费用。

（2）成本类发票获取时应注意的事项：未填写购买方的纳税人识别号或统一社会信用代码的普通发票不予报销；填开内容与实际交易不符的发票不予报销；取得提供货物运输服务未在备注栏注明规定信息的发票不予报销；取得提供建筑服务未在备注栏注明规定信息的发票不予报销；取得销售不动产未按规定要求填开的发票不予报销；取得出租不动产未在"备注"栏注明规定信息的发票不予报销；未在增值税发票管理新系统中开具的二手车销售统一发票不予报销；未按规定要求开具的成品油发票不予报销；未填开付款方全称的发票不予报销；未加盖发票专用章的发票不予报销；商业企业一般纳税人零售消费品开具增值税专用发票不予报销；单用途卡销售、充值与使用等环节发票开具不规范不予报销；多用途卡销售、充值与使用等环节发票开具不规范不予报销。

**（三）票据审核内容**

做完基本的票据分类操作后，需重点核对购销业务和往来款项业务的票据内容。例如，销售类业务，需将整理好的销售类票据与抄税清单进行核对，统计无票收入；采购类业务，需将已认证的进项发票相关数据与认证清单进行核对；往来款项业务，需将各银行回单与银行对账单逐笔核对。

## 三、任务实施

**（一）任务流程**

接收与整理纸质票据流程见图2-41。

图2-41　接收与整理纸质票据流程

**（二）任务操作**

**1. 销售类发票的整理**

（1）收到客户提供的票据时，检查客户提供的资料中，是否有客户从其开票系统中下载的"分税率统计表"，如图2-42所示。其中，需特别关注开票份数、开票统计、开票明细等信息是否完整。

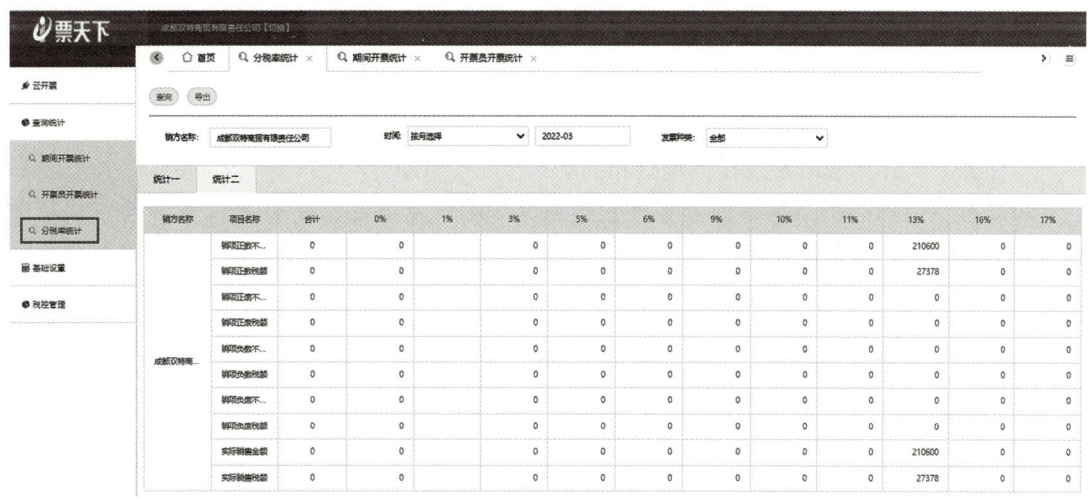

图2-42　分税率统计表

（2）核对客户提供的销售发票与发票信息统计汇总表（增值税专用发票、增值税普通发票）是否匹配，主要核对正数和负数发票张数、作废发票张数、实际销项金额及税额。

（3）如果核对当月发票份数不全，则需对开票明细表中的发票号码和发票进行逐一核对，查找出缺失发票，与客户沟通、补寄。

（4）按照发票采购方单位名称分类整理。

**2. 费用类发票的整理**

（1）企业收到费用类票据时，应按照企业提供的费用类纸质票据汇总表检查当月票据是否完整，如果票据有缺失，需及时沟通、补寄。

（2）按照费用类票据业务类型进行划分，然后将划分好业务类型的票据进行计数、粘贴并做好标注，最后根据业务内容分类整理。

**3. 成本类发票的整理**

（1）票面信息的核对：主要是商品和服务税收分类编码是否正确。

（2）发票、交付物与业务的核对：发票是业务的具体体现，在整理票据时务必查阅发票对应的业务。例如，合同信息是否一致；发票与业务对应的交付物是否一致等。

（3）企业收到客户提供的票据时，应按照企业提供的成本类纸质票据汇总表检查当月票据是否完整，如果票据有缺失，需及时与供应商沟通、补寄。

（4）按照发票供应方单位名称分类整理。

# 任务 2.5
# 接收与整理电子票据

### 一、任务背景

#### （一）任务场景

与任务 2.1 开具纸质发票任务场景相同。

2022 年 3 月将各类票据整理业务外包给共享中心，双方签订了外包服务合同。共享中心已经为该公司开通票据管理系统，公司已设置基础信息。共享中心经办人员接收双特商贸提供的电子发票。

#### （二）任务要求

1. 对接收的电子票据进行检查，核对是否完整；
2. 对电子票据进行归类整理。

### 二、任务准备

#### （一）电子票据的概念

电子票据的签发和流动，以及相应资金的划拨、结算都是在网上虚拟的实现，采用的是无纸化的电子交易方式，电子交易的签章只有通过电子签名的形式来实现。

电子发票基础信息包括：基础通用信息、销售方信息、购买方信息、开票项目信息、安全信息、发票状态标志信息、附加信息以及发票关联信息等。

### （二）常见电子票据

常见电子票据一般包括银行结算类票据、增值税电子发票等。

银行结算是通过银行账户的资金转移所实现收付的行为，即银行接受客户委托代收代付，从付款单位存款账户划出款项，转入收款单位存款账户，以此完成经济之间债权债务的清算或资金的调拨。国内银行结算方式主要有银行汇票、商业汇票、银行本票、支票、汇兑、委托收款、托收承付、信用卡、信用证等。银行结算单据是收付款双方及银行办理银行转账结算的书面凭证。

### （三）电子票据整理的注意事项

（1）中小微企业业主主要通过微信、支付宝等账户执行收付款业务；

（2）在实际业务中，一般需要获取企业的电子银行流水单据和微信、支付宝账户的相关收付款记录等信息；

（3）电子发票查验。可通过国家税务总局全国增值税发票查验平台（网址 https：//inv-veri.chinatax.gov.cn）进行发票一致性查验。

## 三、任务实施

### （一）任务流程

接收与整理电子票据流程见图 2-43。

图 2-43　接收与整理电子票据流程

### （二）任务操作

**1. 常见银行结算类票据的整理**

（1）当收到客户提供的银行单据时，检查当月银行单据、银行对账单等资料是否完整。

（2）在整理银行资料时，要核对银行对账单每笔业务是否有回单，如果没有，则需及时与银行沟通，补打银行单据。

（3）如果企业办理了网银，则可以进入网银直接打印银行对账单，同时导出电子版银行对账单。

（4）企业通过银行结算的业务，需要有正规的发票单据相对接，按照业务类型进行分类整理。

**2. 增值税电子发票的整理**

纳税人通过增值税电子发票公共服务平台开具的增值税电子普通发票，属于税务机关监制的发票，采用电子签名代替发票专用章，其法律效力、基本用途、基本使用规定等与增值税普通发票相同。

（1）进行增值税电子发票查验。根据有关规定，电子专票采用电子签名代替印章。电子专票在发票监制章上用鼠标右键点击验证，验证结果显示"该签章有效"等字样，说明此专票有效且未被篡改。

（2）增值税电子发票对应业务如属可以抵扣进项税额事项，在勾选平台勾选确认申报抵扣，这一点与传统纸票没有区别。

（3）由于增值税电子发票的特性，在发生销货退回、开票有误、应税服务中止、销售折让等情形时，只能开具红字电子专票，不支持作废。

## 实战演练

### 一、单选题

1. 下列属于发票内容的是（    ）。
   A. 客户名称　　　B. 收款人账号　　　C. 财务专用章　　　D. 购买日期
2. 下列属于开具发票后，如发生销货退回需开具红字发票的，必须收回原发票并注明的字样是（    ）。
   A. "废弃"　　　B. "收回"　　　C. "作废"　　　D. "回收"
3. 下列属于单位和个人在开具发票时，必须做到的是（    ）。
   A. 全部联次分次打印　　　　　　　B. 在发票联和抵扣联加盖财务专用章
   C. 内容适当填写　　　　　　　　　D. 填写项目齐全
4. 在导入发票时，进入系统后单击系统左侧"云开票"菜单，应选择的按钮是（    ）。
   A. 发票登记　　　B. 发票开具　　　C. 基础设置　　　D. 查询统计
5. 下列属于申请电子发票条件的是（    ）。
   A. 企业应购买U盾设备
   B. 企业应购买税控设备
   C. 企业应携带相关材料至当地社保进行核定和申领工作
   D. 企业应携带相关材料至当地财政局进行核定和申领工作
6. 下列属于代开发票条件的是（    ）。
   A. 依法不需要办理税务登记，临时取得收入的
   B. 已经完成办理税务登记的
   C. 外省、自治区、直辖市来本辖区从事临时经营活动的纳税人被核准领购发票的
   D. 被税务机关允许开具发票的
7. 根据《中华人民共和国发票管理办法》第二十四条的规定，具有"代开发

票"权利的是（　　）。

A. 代理公司　　　B. 税务机关　　　C. 企业财会部　　　D. 财政机关

8. 下列属于票据类型的有（　　）。

A. 销售类、收款类、支出类　　　B. 支出类、收款类、转款类

C. 工资类、成本类、购买类　　　D. 采购类、费用类、付款类

9. 下列属于采购类票据所涉内容的有（　　）。

A. 销售商品、原材料等　　　B. 租赁费、差旅费、交通费等

C. 采购商品、原材料等　　　D. 计提、发放工资等

10. 下列属于付款类票据所涉内容的有（　　）。

A. 支付货款、缴纳税费等　　　B. 盘亏盘盈、结转税费、计提税款等

C. 计提、发放工资等　　　D. 租赁费、差旅费、交通费等

## 二、多选题

1. 国内银行结算方式主要有（　　）。

A. 银行汇票、商业汇票、银行本票　　　B. 支票、汇兑、委托收款

C. 托收承付、信用卡、信用证　　　D. 支票、商业汇票、应付票据

2. 下列属于发票作用的是（　　）。

A. 发票具有合法性、真实性、统一性、及时性等特征

B. 发票是记录经济活动内容的载体，是财务管理的重要工具

C. 发票是税务机关控制税源，征收税款的重要依据

D. 发票是国家监督经济活动，维护经济秩序，保护国家财产安全的重要手段

3. 下列属于开具电子发票需要注意的事项是（　　）。

A. 确认委托方使用的税控设备是增值税发票系统最新版本

B. 明确是否领购电子发票，确认领购电子发票数量

C. 填写电子发票时需填写联系方式（接收手机号或电子邮箱）

D. 准确选择开票类型

4. 下列过程企业需要开具发票的有（　　）。

A. 企业发生购销业务　　　B. 提供劳务服务

C. 转让无形资产　　　D. 从事餐饮、娱乐等商事活动

5. 下列属于付款类发票的有（　　）。

A. 银行业务回单（付款）　　　B. 出库单

C. 银行电子缴税付款凭证　　　D. 盘亏盘盈计算表

6. 下列属于工资类发票的有（　　）。

A. 各类报销单　　　B. 工资汇总表

C. 工资明细表　　　D. 银行业务回单（付款）

7. 下列属于采购发票的有（　　）。

A. 银行汇票　　　B. 托收承付　　　C. 银行本票　　　D. 汇兑

8. 下列属于发票内容的是（　　）。

A. 票头、字轨号码、联次及用途
B. 客户名称、银行开户账号、商品名称或经营项目
C. 计量单位、数量、单价
D. 经手人、单位印章、开票日期

9. 企业取得的增值税电子普通发票可通过下列（　　）途径进行一致性查验。
A. 电子发票服务平台
B. 开票方网上营业厅
C. 国家税务总局全国增值税发票查验平台
D. 无须查验

10. 下列属于开具纸质发票流程的有（　　）。
A. 查阅纳税主体基本信息　　　　B. 导入发票
C. 填写购买方信息　　　　　　　D. 填写商品信息

### 三、判断题

1. 开具发票后，如发生销货退回需开具红字发票的，必须收回原发票并注明"作废"字样或取得对方有效证明。（　　）

2. 开具发票应当使用中文。民族自治区也应使用中文汉字。（　　）

3. 单位和个人在开具发票时，必须做到按照号码顺序填开，填写项目齐全，内容真实，字迹清楚，全部联次一次打印，内容完全一致，并在发票联和抵扣联加盖财务专用章。（　　）

4. 如果第一次使用的商品名称，需要先在"商品服务档案"菜单中维护商品信息，第二次则可以直接使用，无须再次录入。（　　）

5. 电子发票的发票号码采用全国统一编码，采用统一防伪技术，分配给商家，在电子发票上附有电子税务局的签名机制。（　　）

6. 智能识别系统高效多能，识别票据之后不需要校验就可以自动生成凭证。（　　）

7. 已经完成办理税务登记的企业可以向主管税务机关申请代开发票。（　　）

8. 审核报销单时，发现报销单上所附发票的金额之和大于报销金额，一般以发票上的金额为准，予以报销。（　　）

9. 只有税务机关才有"代开发票"的权利。（　　）

10. 申请代开发票需符合代开发票条件，在开具发票前完成税务登记。（　　）

# 单元 3　票据查验与扫描

### ▸ 思政目标：

1. 增强学生的票据查验和扫描意识，使学生能理论联系实际，培养学生 3Q7S 企业化管理素养能力。

2. 学生通过对不同的票据查验，培养学生团结合作、沟通交流的工作能力。

3. 学生通过掌握各类票据查验和扫描的工作流程，培养学生严谨细致、精益求精的工匠精神。

### ▸ 知识目标：

1. 了解《中华人民共和国发票管理办法》《中华人民共和国发票管理办法实施细则》《关于规范电子会计凭证报销入账归档的通知》等法律法规的相关内容，并能在实际业务中应用。

2. 清楚票据查验相关知识，并能灵活进行运用。

3. 能正确选择发票查验、扫描票据所需要的设备、材料等。

### ▸ 技能目标：

1. 能简单掌握相关法律法规，并能在实际业务中应用。

2. 能正确对各种发票资料的完整性和正确性进行核查并与实际业务核对一致。

3. 能在智能票据管理系统中扫描和采集票据影像。

# 56 电子票据技术应用

> 思维导图：

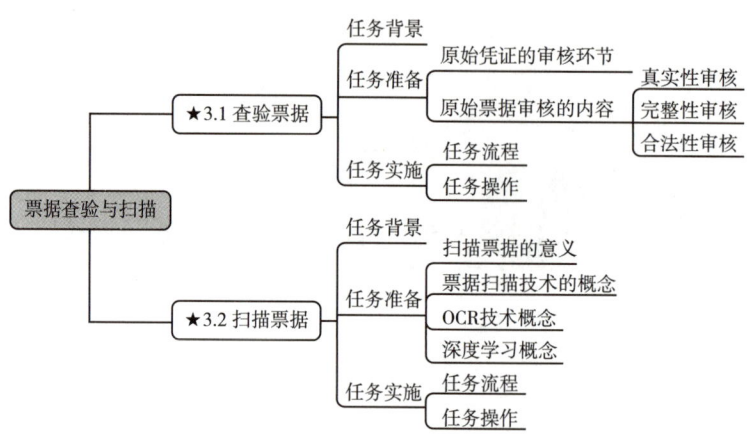

# 任务 3.1 查验票据

## 一、任务背景

### （一）任务场景

成都兴兴商贸有限公司已经委托财务共享中心将 2022 年 3 月发生的所有经济业务的票据进行了整理和分类，为确保票据数据的正确与完整，需要进一步对票据进行查验。

### （二）任务要求

（1）对归类整理的票据进行检查、核对是否完整；
（2）对流程合规性进行检查，对票据的真实性、完整性、有效性等进行全面审查。

## 二、任务准备

### （一）原始凭证的审核环节

原始凭证的审核一般分为两个环节，第一环节是在收到原始凭证时，首先对原始凭证的真实性、合理性、合法性和完整性进行审核。审核无误后，进行票据扫描、数据采集以及根据票据内容进行票据分类。第二环节是对已经进行数据采集和票据分类的票据，进行数据信息的校验，以确保系统采集的数据的完整和正确。票据检验工作就是对平台整理环节的票据，按照票据的真实内容以及系统的要求进行业务信息的校验，系统将根据这些数据自动生成凭证、自动登账、自动生成报表。

### （二）原始票据审核的内容

原始凭证审核是按照规定结合日常财务工作对原始凭证进行的审查与核实。会计人员要对自制或外来的原始凭证进行审核，通过审核原始凭证，检查企业执行国家的方针、政策、法规和制度的情况，加强资金管理，保证会计核算的质量，防止发生贪污、舞弊等违法行为。在审核中一定要严肃认真、坚持原则、坚持制度、履行职责。对内容不完整、手续不齐全、书写不清楚、计算不准确的原始票据，应退还有关部门和人员，及时补办手续或进行更正。对违法的收、支业务坚决制止和纠正，会计人员既不制止和纠正，也不向单位领导人提出书面意见的，要承担责任；对严重违法，损害国家和社会公众利益的收支活动应向主管单位或财政、税务、审计机关报告，接到报告的机关应及时处理。

企业会计原始票据审核的内容主要包括真实性审核、完整性审核和合法性审核三个方面。

**1. 真实性审核**

所谓真实，是指原始票据上反映的应当是经济业务的本来面目，不得掩盖、歪曲和颠倒真实情况。

（1）经济业务双方当事单位和当事人必须是真实的。开出原始票据的单位，接受原始票据的单位，填制原始票据的责任人，取得原始票据的责任人都要据实填写，不得冒用他人、他单位之名，也不得填写假名。

（2）经济业务发生的时间、地点、填制凭证的日期必须是真实的。不得把经济业务发生的真实时间改变为以前或以后的时间；不得把在甲地发生的经济业务改变为在乙地发生。

（3）经济业务的内容必须是真实的。购货业务，必须标明货物的名称、规格、型号等；住宿业务，要标明住宿的日期；乘坐交通工具业务，需标明交通工具种类和起止地点；就餐业务，必须标明就餐，不得把购物写成就餐，把就餐写成住宿；劳动报酬支付，应该附有考勤记录和工资标准等。

（4）经济业务的"量"必须是真实的。购买货物业务，要标明货物的重量、长度、体积、数量；其他经济业务也要标明计价所使用的量，如住宿1天、参观展览3次、住院治疗10天等。

（5）单价、金额必须是真实的。不得在原始票据填写时抬高或压低单价、多开或少开金额。

**2. 完整性审核**

所谓完整，是指原始票据应具备的要素要完整、手续要齐全。复核时要核查原始票据必备的要素是否填写完整、手续是否齐全，包括：双方经办人是否签字或盖章，需要旁证的原始票据是否手续齐全；需经领导签字批准的原始票据，要有领导人的签字或盖章。增值税专用发票的收款人、复核人、开票人必须填写完整，并加盖销售方的发票专用章。如采购入库单，必须要有采购员、仓库保管员、复核人员的签字或盖章。审核中若发现不符合实际情况、手续不完备或数字计算不正确的原始票据，应退回有关经办部门或人员，要求予以补办手续。

**3. 合法性审核**

所谓合法，就是要按会计法规、会计制度（包括本单位制定的正在使用的内部会计制度）和计划预算等法律法规进行会计业务核算。在实际工作中，违法的原始票据主要有以下三种情况，审核时要加以注意：

（1）明显的假发票、假车票。有些假票据可以通过仔细查看直接辨认。如原始凭证印制粗糙；印章不规范，带有明显的时间性假票据。有些假票据则可以借助税务网站、12306网站进行查询，核实真伪，必要时也应通过其他形式核实。

（2）虽是真实的发票，但制度规定不允许报销的票据。一般来说，凡私人购置和私人使用的物品，都不能用公款报销；凡个人非因公外出发生的各种费用都不能用公款报销。例如，购买化妆品这类明显是私人物品的发票，不可报销。

（3）虽能报销，但制度对报销的比例或金额有明显限制的票据，超过比例和限额的不能报销。例如，职工因公出差乘坐的火车轮船、旅馆住宿的费用，对等级、金额都有限定，超过的部分应自理；医药费报销，不同工龄的职工享受公费的比例不同，报销时，要按其公费比例报销。如果超过比例报销，超出部分就是不合法的。

### 三、任务实施

#### （一）任务流程

查验票据流程见图3-1。

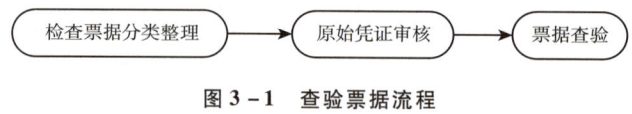

图3-1 查验票据流程

#### （二）任务操作

**1. 对票据进行分类**

首先对本月的所有票据进行分类，为原始凭证审核做准备。

**2. 原始凭证审核和查验**

在实际业务中，审核原始凭证是对会计信息质量进行源头控制的重要环节。认真审核原始凭证，可以确切地了解各项经济业务的执行和完成情况，为填制记账凭证和登记账簿提供可靠依据。因此，审核原始凭证是否具有真实性、合理性、合法性和完整性，显得至关重要。

为确保发票的真实性，防止出现虚假发票，企业取得的增值税电子发票须通过官方查询平台进行查询确认电子发票真伪，查询人对发票真伪负责。查询途径既可以通过开票方提供的下载地址查询（如电子发票服务平台、开票方网上营业厅等），也可以通过国家税务总局全国增值税发票查验平台（网址 https://inv-veri.chinatax.gov.cn）进行发票一致性查验。

以增值税专用发票（见图3-2）为例，我们首先要查验发票的真实性和合法性。首先，登录国家税务总局全国增值税发票查验平台，可以录入相关信息，也可扫描或者导入票据，单击"查验"按钮，即可得出结果（见图3-3）。如果纳税人输入的发票校验信息与税务机关电子信息一致，则显示相关的发票详细信息（如发票已被开具方作废，则在查验结果中显示"作废"标识);纳税人输入的发票校验信息与税务机关电子信息至少有一项不一致,则显示查验不一致的结果信息;纳税人输入的发票校验信息无法在税务机关的电子信息中查到,则显示查无此票的结果信息。

图 3-2 增值税专用发票

图 3-3 国家税务总局全国增值税发票查验平台查验界面

对于票据其他信息的审核，则需要确保销售单位和购买单位的信息必须正确无误（包括：单位名称、纳税人识别号、地址、电话、开户行及账号）；发票的商品名称、数量、金额应该真实无误；发票专用章上的单位名称和税号必须与销售单位信息一致；发票专用章必须有税号；开票日期应符合报销月份；适用税率应准确无误。

特别提示：《中华人民共和国发票管理办法》规定：不符合规定的发票，不得作为财务报销凭证，任何单位和个人有权拒收。付款方取得发票后应及时核对发票开具内容是否真实、项目填写是否齐全、加盖的发票专用章是否与收款方一致。对于违反发票管理法规的行为，任何单位和个人有权向税务机关举报。

# 任务 3.2
# 扫描票据

## 一、任务背景

### （一）任务场景

财务资料保存是企业十分重要的一环，企业所有的财务票据和账本都需要完整而妥善地被保存。纸质版易损坏、易模糊，所以很多企业会施行企业财务数据电子化的制度。电子化后的票据也方便审计及相关业务人员查阅，极大地简化了工作。

成都兴兴商贸有限公司委托财务共享中心将 2022 年 3 月发生的所有经济业务的纸质票据扫描并保存为电子票据。

### （二）任务要求

财务共享中心员工将 2022 年 3 月的票据整理编号后再将每张纸质票据通过扫描或拍照，转成电子影像文件并上传至平台。

## 二、任务准备

### （一）扫描票据的意义

在员工报销、企业采购、销售等业务中，都会产生大量的纸质发票，财务人员在进行数据统计或者报账时，需要手工录入这些票据信息，但是繁重的数据录入及管理工作，不仅消耗了财务人员大量时间，也无法保证录入结果的准确性。大量纸质发票的处理不及时，也会影响企业相关业务的工作进度，产生一系列问题。

在互联网应用创新的飞速发展和电子商务的迅猛推进下，无论是企业经营、社会发展抑或是政府管理都更愿意利用互联网这个快捷、方便的平台，而电子票据相较于传统的纸质票据而言，不仅降低了相关产品和服务方面的采购费用，更有利于提高企业的经营效率，提升会计工作的服务效能,还使税收征管工作更加规范,提高了信息管税水平。同时电子化后的票据,也方便审计及相关业务人员查阅,极大地简化了工作。

(二)票据扫描技术的概念

票据扫描技术,是利用传统模式识别 OCR 和深度学习技术,结合图像处理、自动分类、智能核验等技术,实现解决全场景票据 OCR 识别,适用于移动报销 App、财务共享云识别、PC 客户端等全场景需求。

(三)OCR 技术概念

OCR(Optical Character Recognition,OCR)即光学字符识别,其工作原理是通过扫描等光学输入方式将各种票据、报刊、数据、文稿及其他印刷品的文字转化为图像信息,再利用文字识别技术将图像信息转化为可以使用的计算机输入技术,对文本资料的图像文件进行分析识别处理,获取文字及版面信息的过程。

OCR 起源于德国,国外的 OCR 技术起步较早,目前已经在包括金融、政务、工商、电子商务等行业有了非常广泛的应用,微软和谷歌都在相应的产品中,增加非格式化文本和图像识别工具,并将其索引到数据库。近年来,国内在 OCR 领域也有了飞速的发展。例如,停车场自动收费系统、税务票据号自动识别系统等,OCR 技术积极地推进了人机交互系统,让机器(设备)具备"人眼识别"能力,在模式识别、人工智能等相关学科及分支学科的发展领域,起到了积极的推动作用。

(四)深度学习概念

深度学习是一种试图使用多层包含着复杂结构或多个非线性变换的隐含层来提取数据的各类特征的方法,它采用监督学习、半监督学习或者非监督学习提取不同层次的特征,相对于人工提取特征,在数据集足够多时,采用深度学习的方式提取特征会更加高效。

通过融合 OCR 技术的智能影像系统,可以帮助财务人员实现数据的自动输入和检查。不同的票据贴在同一张空白纸,相关人员可以通过高拍仪、扫描仪、手机等设备进行纸质发票、原始资料图像的采集,并且与智能影像系统连接,对结构化的票据和文档进行识别,自动识别类型,自动识别信息。同时对电子发票进行解析,自动生成报账单据。

三、任务实施

(一)任务流程

票据扫描流程见图 3-4。

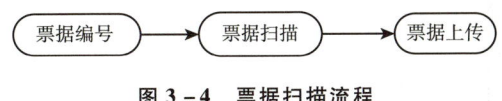

图 3-4 票据扫描流程

（二）任务操作

**1. 对票据进行编号**

首先可以按照收入、成本及费用三个类别对票据进行分类和编号，为票据扫描做准备。

**2. 票据电子影像转换**

通过扫描或者拍照等方式，将已经分类的纸质票据转换成电子影像文件。企业实务中，通常用扫描仪对纸质票据进行批量扫描处理转换为电子影像文件，其中对于扫描效果差、票面不清晰的纸质票据，可利用高拍仪单独进行电子影像处理。

**3. 将扫描的电子影像文件上传到平台**

（1）登录财天下，在界面左上角先选择公司名称，如图3-5所示。

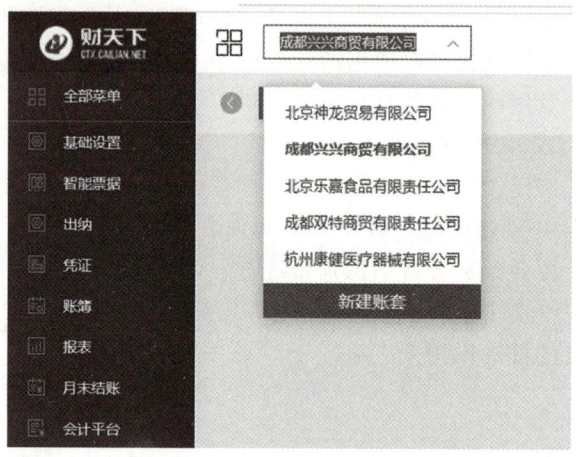

图 3-5　登录财天下

（2）在左侧菜单栏中选择"智能票据"项，单击"票据采集"按钮，并进入票据采集界面，如图3-6所示。

图 3-6　票据采集页面

（3）发票采集并上传。选择正确的会计期间，单击"本地票据采集"按钮，出现文件列表后选择"选择文件"，打开正确文件夹选定后上传图片，如图3-7所示。单击后系统显示上传成功。

图3-7 票据上传页面

（4）核对信息及查验。票据上传结束需要进行信息核对，单击"查验"按钮，如图3-8所示。若出现票面不清晰等错误情况，需核对右侧自动识别的票据信息。其中可以利用放大功能，对电子版票据进行局部放大和缩小，重点关注票面信息中票面金额等信息是否采集正确，与行信息是否一致。若查验中数据与票面信息不一致，可手动修改行信息及票据信息。若采集的票面信息经核对无误，单击"保存"按钮即可。信息核对无误后，输入校验码，单击"查验"按钮。

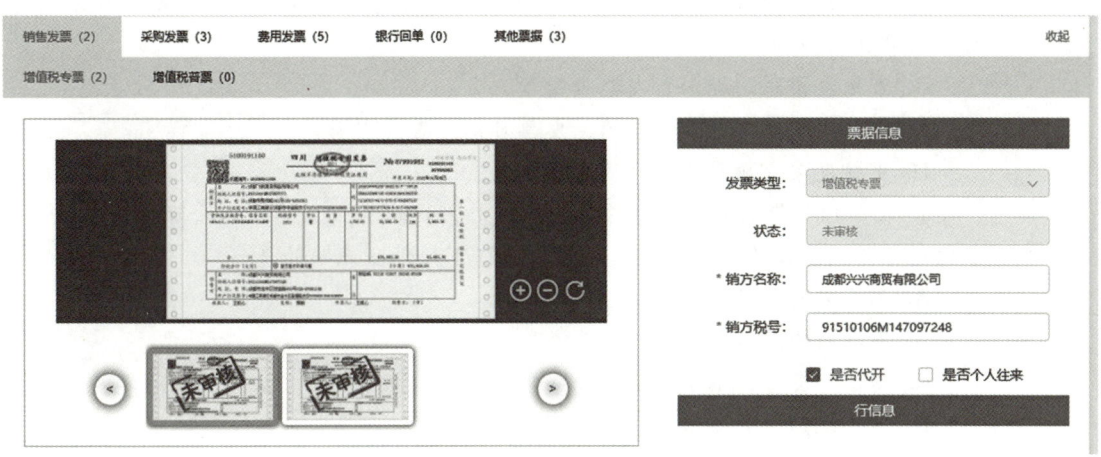

图3-8 票据查验页面

在财天下共享平台上，使用扫描软件快速对收入、成本及费用类票据进行扫描，自动识别一键上传系统，抓取全票面信息，以高效率、高准确率的方式帮助中小微企业实现发票的快速查验工作。

实战演练

### 一、单选题

1. 在发票查验中，审查增值税专用发票是否压线、错格，属于（　　）。
   A. 发票票面审查　　　　　　　　B. 发票基础信息审查
   C. 发票备注栏审查　　　　　　　D. 发票与合同匹配审查

2. 某公司将收到的增值税专用发票进行查验，下列不是发票审核要点的是（　　）。
   A. 购方税号　　　　　　　　　　B. 销方税号
   C. 发票类型　　　　　　　　　　D. 发票的开票人

3. 下列选项中，属于对文本资料的图像文件进行分析识别处理，获取文字及版面信息过程的是（　　）。
   A. Oracle　　　B. Object-C　　　C. Octave　　　D. OCR

### 二、多选题

1. 下列属于发票审核要点的有（　　）。
   A. 审核发票的真伪，可通过网上查询、扫描发票二维码、电话查询等方式进行发票真伪的查询
   B. 审核发票联是否加盖发票专用章
   C. 审核购销方信息是否正确，发票日期是否为当月
   D. 审核发票金额是否与合同金额相符

2. 在审核一张购买原材料的原始凭证时，发现凭证上单价和金额有涂改痕迹，且材料单价明显高于市场价格，对于该凭证下列说法正确的是（　　）。
   A. 不真实的原始凭证
   B. 不准确的原始凭证
   C. 会计人员有权不予接受，并向单位负责人报告
   D. 应予退回，并要求按规定更改补充

3. 对原始票据审核的内容主要包括（　　）。
   A. 真实性　　　B. 合法性　　　C. 公允性　　　D. 完整性

4. 发票在上传成功后，需要对发票的真实性、合法性进行查验，查验时需要核对（　　）。

A. 双方纳税人识别号  B. 发票代码
C. 发票号码  D. 金额

5. 企业取得的增值税电子普通发票可通过（    ）途径进行一致性查验。

A. 电子发票服务平台  B. 开票方网上营业厅
C. 国家税务总局全国增值税发票查验平台  D. 无须查验

### 三、判断题

1. 发票上的二维码起着查验真伪的作用。（    ）

2. 审核报销单时，发现报销单上所附发票的金额之和大于报销金额，一般以发票上的金额为准，予以报销。（    ）

3. 如果银行对账单余额与银行日记账余额存在差异，需要审核银行存款余额调节表。（    ）

4. 原始凭证只有经过审核无误后，才能作为登记账簿和编制记账凭证的依据。（    ）

5. 会计服务机构接收票据时，要按照法律法规和委托单位的制度规定，对不真实、不合法、不完整、不规范的票据，服务机构人员有权不予接收，并向单位负责报告。（    ）

6. 发票上的二维码起着查验真伪的作用。（    ）

7. 目前 OCR 扫描技术识别准确率已经实现 100%。（    ）

# 单元 4 票据识别

▶ **思政目标：**

1. 增强学生的票据识别意识，使学生能理论联系实际，培养学生良好的职业素养能力。
2. 学生通过不同的票据认知、体会和分析，培养学生团结合作、沟通交流的工作能力。
3. 学生通过掌握各类票据识别的工作流程，培养学生严谨细致、精益求精的工匠精神。

▶ **知识目标：**

1. 了解《中华人民共和国发票管理办法》《中华人民共和国发票管理办法实施细则》《国家税务总局关于增值税发票管理等有关事项的公告》等法律法规。
2. 能根据企业的政策对票据进行分类管理。
3. 能正确识别采购类票据、销售类票据、费用类票据和其他类票据，并能对业务内容进行简要分析。

▶ **技能目标：**

1. 能简单掌握相关法律法规和政策，并能在实际业务中应用。
2. 能应用智能票据管理系统对票据进行识别与分析。

**思维导图:**

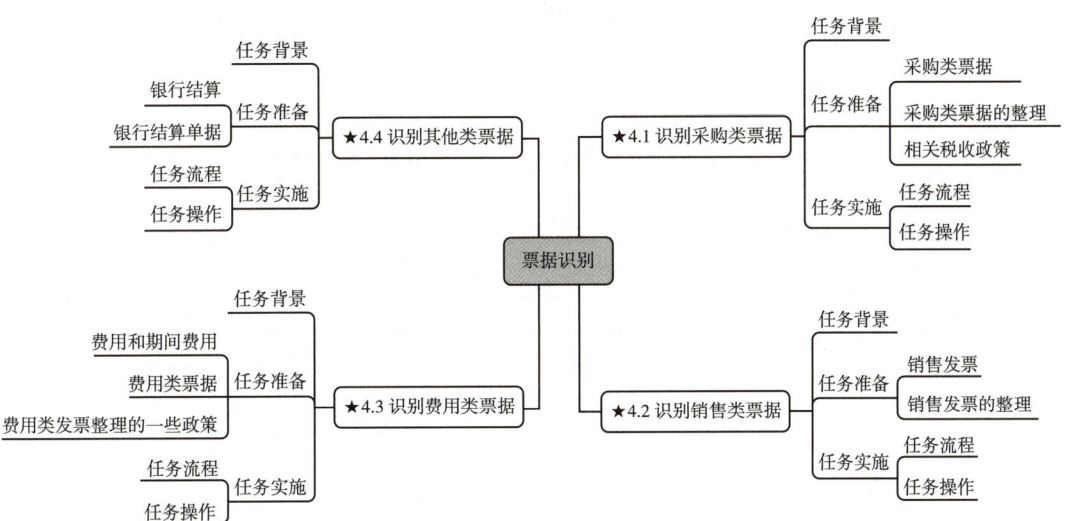

# 任务 4.1 识别采购类票据

## 一、任务背景

### (一) 任务场景

成都兴兴商贸有限公司（以下简称"兴兴商贸"）是一家以销售小家电为主的商贸公司。公司为一般纳税人，实行 2007 年企业会计准则。2022 年 4 月将公司的票据业务外包给成都梧桐财税共享服务中心公司，双方签订了外包服务合同。财税共享服务中心已经为该公司开通了智能票据管理系统，公司基础信息已设置。

代理建账会计期：2022 年 4 月。

统一社会信用代码（纳税人识别号）：91510106M147097248。

纳税人类型：一般纳税人。

公司经营地址：成都市金牛区佳宜路 450 号。

电话：028 - 87681149

开户行：中国工商银行成都市金牛区登道路支行。

开户银行账号：6228402136412246697。

2022 年 4 月 15 日，财税共享服务中心接收到兴兴商贸提供的业务票据，分类进行处理，其中有 5 张纸质采购类业务发票，如图 4 - 1 至图 4 - 5 所示。

## 购销合同

合同编号：1021

购货单位（甲方）：成都兴兴商贸有限公司
供货单位（乙方）：成都金立家具生产有限公司

根据《中华人民共和国合同法》及国家相关法律、法规之规定，甲乙双方本着平等互利的原则，就甲方购买乙方货物一事达成以下协议。

一、货物的名称、数量及价格：

| 货物名称 | 规格型号 | 单位 | 数量 | 单价 | 金额 | 税率 | 价税合计 |
|---|---|---|---|---|---|---|---|
| 办公桌椅 | ZY03 | 套 | 30 | 1,200.00 | 36,000.00 | 13% | 40,680.00 |
|  |  |  |  |  |  |  |  |
|  |  |  |  |  |  |  |  |
|  |  |  |  |  |  |  |  |
| 合计（大写） | 肆万零陆佰捌拾元整 |  |  |  |  |  | ￥40,680.00 |

二、交货方式和费用承担：交货方式：<u>销货方送货</u>，交货时间：<u>2022年04月15日</u>前，
交货地点：<u>成都市郫都区宝致路50号</u>，运费由<u>供货方</u>承担。

三、付款时间与付款方式：<u>经过购货方验货合格后以银行转账的方式在10日内支付款项。</u>

四、质量异议期：订货方对供货方的货物质量有异议时，应在收到货物后<u>7天</u>内提出，逾期视为货物质量合格。

五、未尽事宜经双方协商可作补充协议，与本合同具有同等效力。

六、本合同自双方签字、盖章后即生效，本合同壹式贰份，甲乙双方各执壹份。

甲方（签章）：　　　　　　　　　　　乙方（签章）：
授权代表：周仁　　　　　　　　　　　授权代表：赵山
地　　址：成都市金牛区佳宜路450号　　地　　址：成都市郫都区宝致路050号
电　　话：028-87681149　　　　　　　电　　话：028-84255790
日　　期：2022年04月06日　　　　　　日　　期：2022年04月06日

图4-1　购销合同

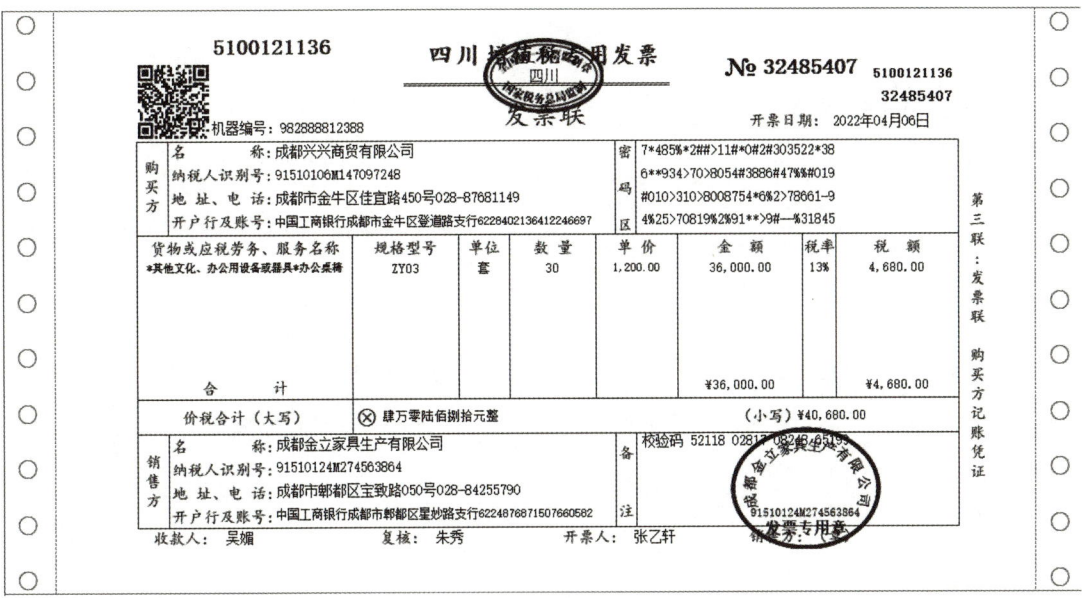

图 4-2 增值税专用发票（采购办公桌椅）

图 4-3 采购入库单

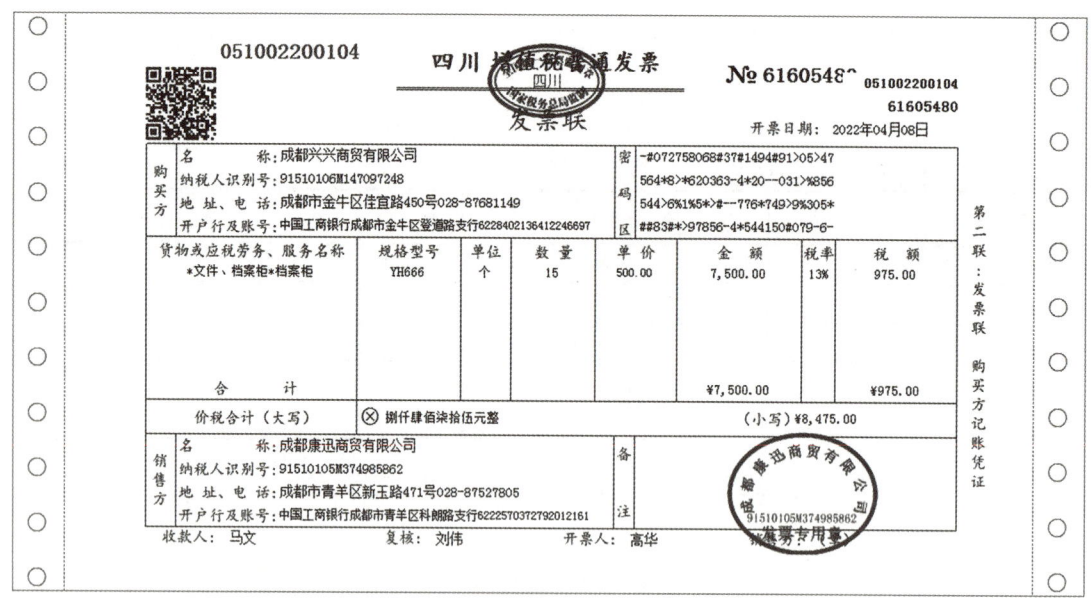

图 4-4 增值税专用发票（采购办公电脑）

图 4-5 增值税普通发票（采购档案柜）

## （二）任务要求

（1）接收 5 笔采购业务核算的有关票据，将每张纸质票据扫描形成独立的影像文件；
（2）使用智能票据管理系统，采集票据影像文件；
（3）进行识别与校验。

## 二、任务准备

### (一) 采购类票据

企业发生采购业务,需要向客户索取增值税发票,确认采购支出。常见的采购类业务票据包括增值税专用发票、增值税普通发票、采购合同（可与销售合同合并统称购销合同）、入库单等,购销合同一般不作为记账凭证的附件,只作为业务的存档资料。

### (二) 采购类票据的整理

对原始票据审核的内容主要包括真实性、合法性、公允性和完整性,企业取得的增值税电子普通发票可通过电子发票服务平台、开票方网上营业厅、国家税务总局全国增值税发票查验平台等途径进行一致性查验。采购类发票整理时需要留意发票名称、发票联次和购销企业信息,企业发生采购业务,应该收到增值税发票抵扣联（第二联）和发票联（第三联）,即本企业为购买方,客户为销售方。

### (三) 相关税收政策

当企业购买增值税税控系统专用设备时,根据财政局、国家税务总局《关于增值税税控系统专用设备和技术维护费用抵减增值税税额有关政策的通知（财税〔2012〕15 号）》规定:增值税纳税人 2011 年 12 月 1 日（含,下同）以后初次购买增值税税控系统专用设备（包括分开票机）支付的费用,可凭购买增值税税控系统专用设备取得的增值税专用发票,在增值税应纳税额中全额抵减（抵减额为价税合计额）,不足抵减的可结转下期继续抵减。增值税纳税人非初次购买增值税税控系统专用设备支付的费用,由其自行负担,不得在增值税应纳税额中抵减。

## 三、任务实施

### (一) 任务流程

识别采购类票据业务处理流程见图 4-6。

**图 4-6　识别采购类票据业务处理流程**

### (二) 任务操作

**1. 票据签收与整理（操作详见任务 2.5）**

**2. 票据扫描与采集（操作详见任务 3.2）**

**3. 票据识别与校验**

(1) 利用票据管理系统"财天下"平台,通过 OCR（光学字符识别）技术,分次上传

5张票据，识别票据中的信息，如图4-7至图4-15所示。其中，根据"财天下"平台的已有类别，购销合同、入库单归类到"其他票据"，需要经人工判定是否作为记账凭证的附件。采购增值税专用发票的发票联归类到"采购发票"的"增值税专票"，增值税普通发票的发票联归类到"采购发票"的"增值税普票"，这两个栏目下的票据可在"财天下"平台的"凭证"模块中通过"票据制单"功能自动生成记账凭证，轻松减少员工处理大量票据时的工作量。

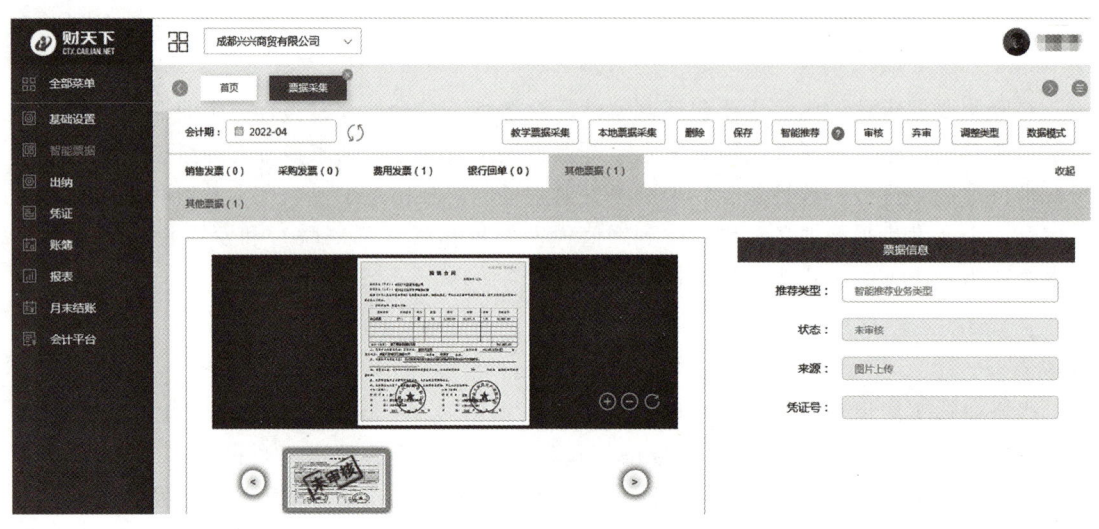

图4-7 购销合同识别

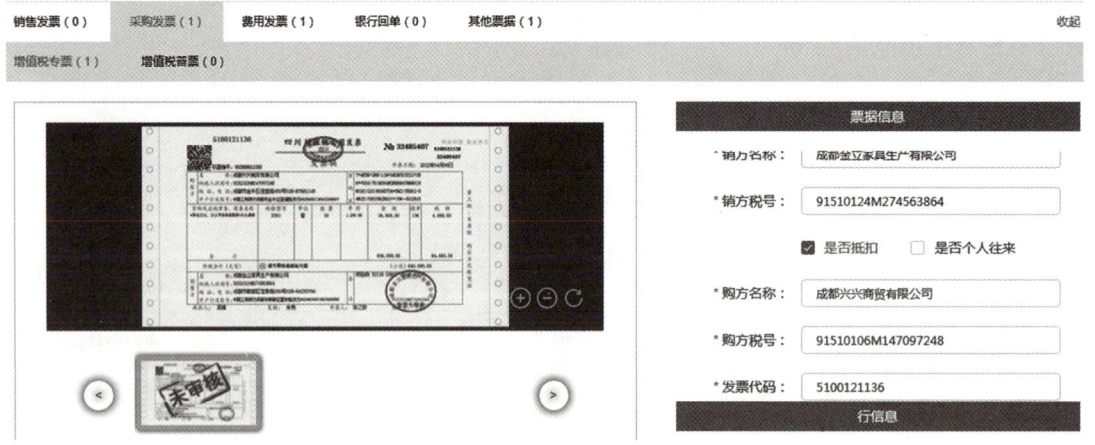

图4-8 增值税专用发票（采购办公桌椅）识别

（2）归类到采购票据的单据上传后要进行人工核验，才能准确地生成记账凭证和进行进项税额的抵扣，通过查看平台右边的票据信息和行信息，逐一进行更新、保存和审核。比如在校验采购办公桌椅的增值税专用发票时，以下几个地方一般需要手动补充信息：

①"票据信息"中,手动勾选"是否抵扣",表示专票中的进项税额可抵扣,如图4-9所示。

**票据信息**

*销方名称:成都金立家具生产有限公司
*销方税号:91510124M274563864
☑ 是否抵扣　□ 是否个人往来
*购方名称:成都兴兴商贸有限公司
*购方税号:91510106M147097248

图4-9　补充票据信息

②行信息中的"税收分类"为空,要点选右边的"搜索"按钮,输入"办公"可以快速定位到"文化、办公用设备或器具"处,选择"其他文化、办公用设备或器具",补充税收分类信息,如图4-10、图4-11所示。

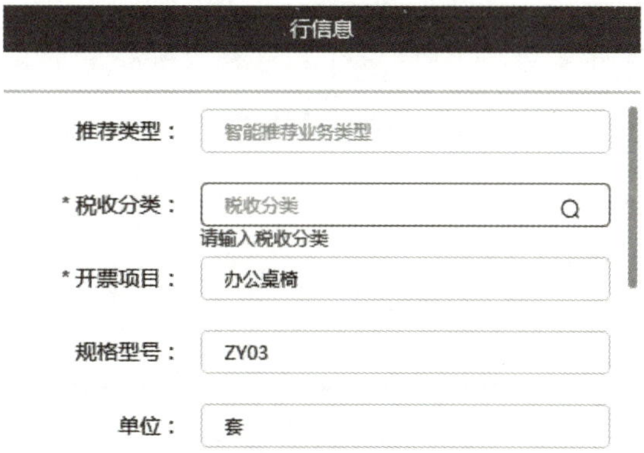

**行信息**

推荐类型:智能推荐业务类型
*税收分类:税收分类　请输入税收分类
*开票项目:办公桌椅
规格型号:ZY03
单位:套

图4-10　税收分类信息空缺

③行信息的"税目"亦为空,选择"本期认证抵扣",如图4-12所示。

(3)继续识别采购类票据,如图4-13至图4-15所示。同理,审核的时候需要补充票据的空缺信息。

### 4. 查询票据

票据保存并审核之后,可使用票据管理系统"财天下"平台,查询扫描好的票据,如图4-16所示。

图 4-11 补充税收分类信息

图 4-12 补充税目信息

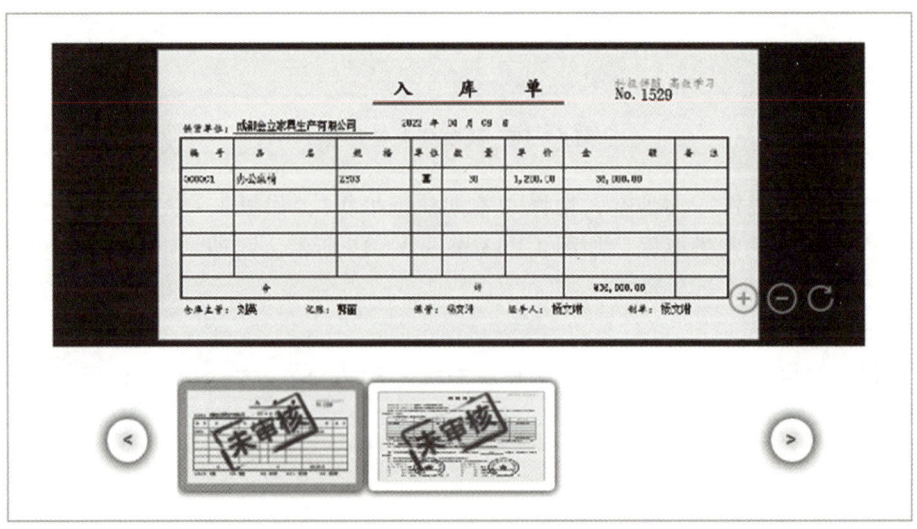

图 4-13 采购入库单识别

单元4 票据识别

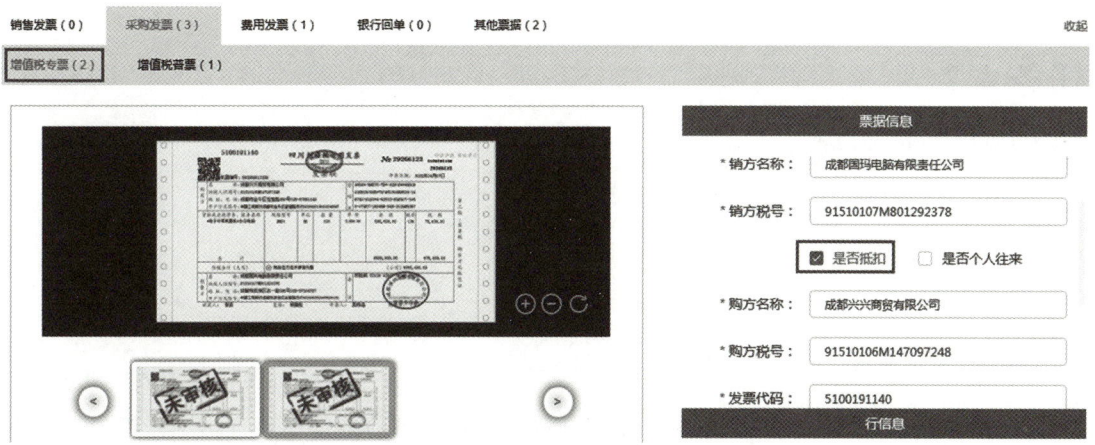

图4-14 增值税专用发票(采购办公电脑)识别

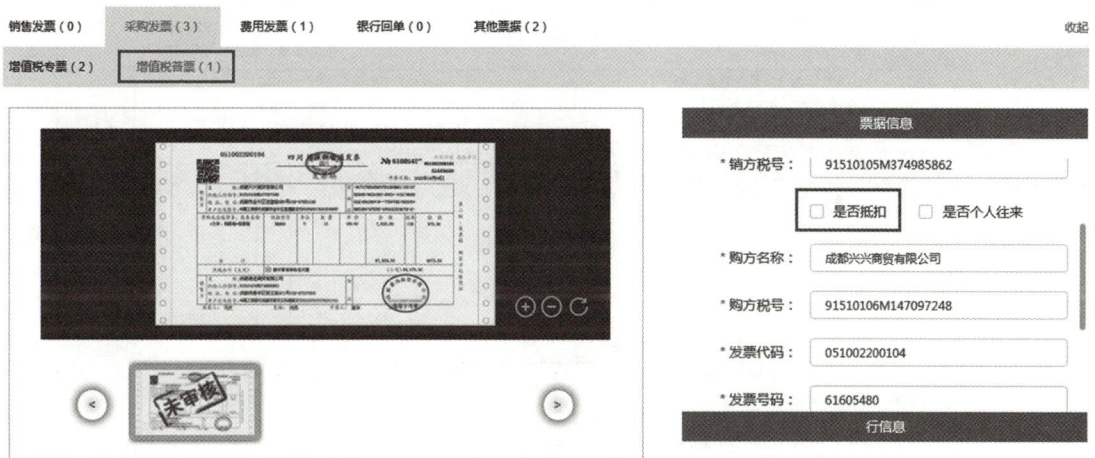

图4-15 增值税普通发票(采购档案柜)识别

图4-16 票据数据模式

# 任务 4.2
# 识别销售类票据

### 一、任务背景

（一）任务场景

2022 年 4 月 15 日，财税共享服务中心在兴兴商贸提供的票据中整理出 3 张纸质销售类业务发票，如图 4-17 至图 4-19 所示。

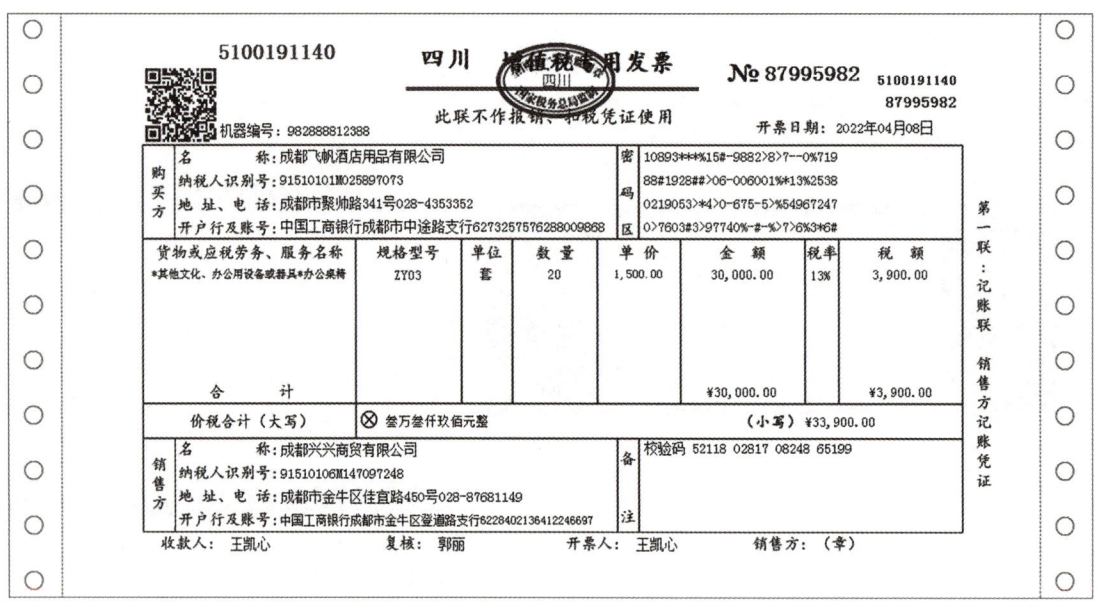

图 4-17 增值税专用发票（销售办公桌椅）

（二）任务要求

(1) 接收 3 笔销售业务核算的有关票据，将每张纸质票据扫描形成独立的影像文件；
(2) 使用智能票据管理系统，采集票据影像文件；
(3) 进行识别与校验。

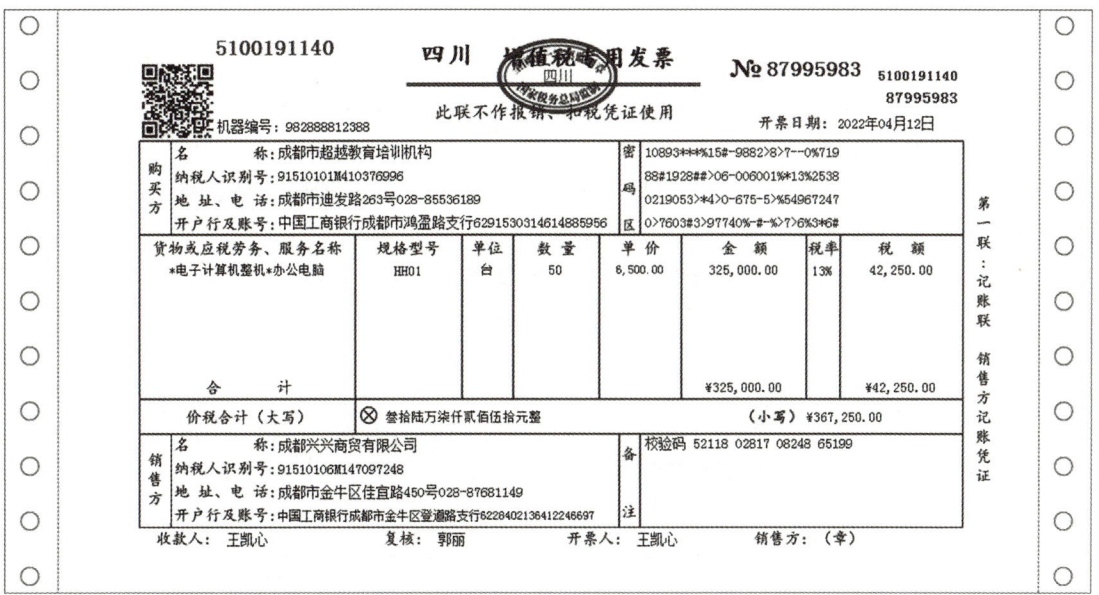

图 4-18 增值税专用发票（销售办公电脑）

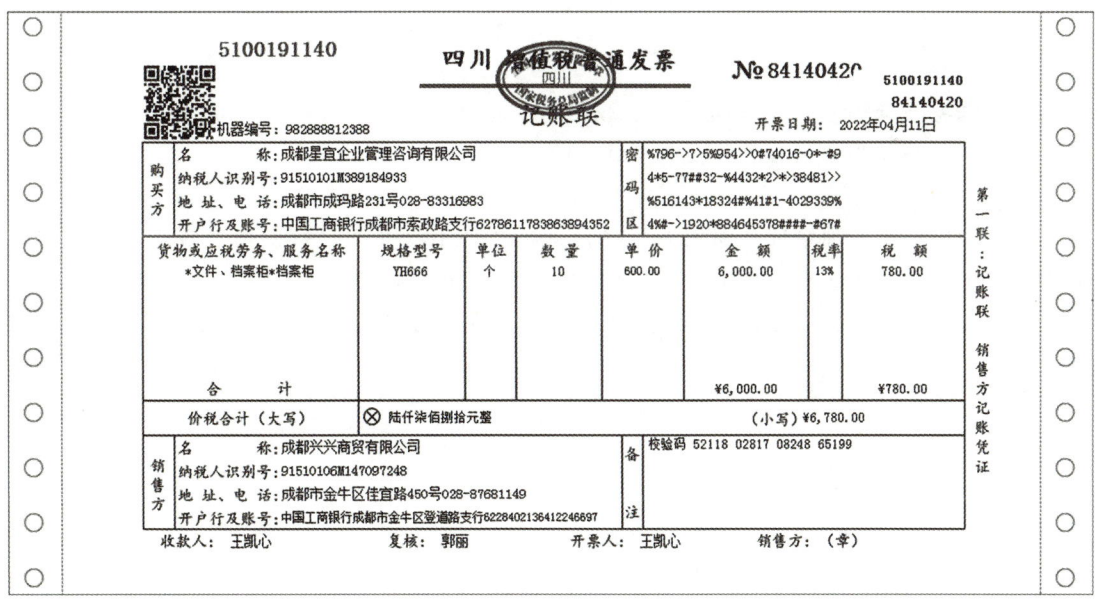

图 4-19 增值税普通发票（销售档案柜）

## 二、任务准备

### （一）销售发票

销售发票是销售业务发生时，销售方根据购销合同的要求，开具给购买方以记录销售商品的规格、数量、单价、销售金额、运费和保险费、开票日期、付款条件等内容的凭证。

## （二）销售发票的整理

销售类发票的数据关联增值税纳税申报表中收入的主要项目，财税共享服务中心人员在整理时应注意以下内容：

（1）要求委托企业提供从税控盘导出的全部开票记录的电子版文件，将纸质发票和电子版文件进行完整性核对，检查联次是否准确；

（2）根据增值税税率整理发票，相同税率的发票可作为一个单元。

## 三、任务实施

### （一）任务流程

识别销售类票据业务处理流程见图4-20。

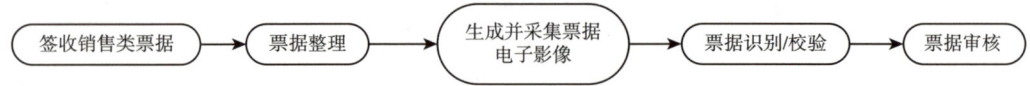

图4-20 识别销售类票据业务处理流程

### （二）任务操作

**1. 票据签收与整理（操作详见任务2.5）**

**2. 票据扫描与采集（操作详见任务3.2）**

**3. 票据识别与校验**

（1）利用票据管理系统"财天下"平台，通过OCR（光学字符识别）技术，上传和识别票据中的信息，可以一次批量上传2张专用发票，如图4-21、图4-22所示。销售档案柜开出的是增值税的普通发票，要调整到"销售发票"的"增值税普票"中去。

图4-21 批量上传的自动识别

单元4 票据识别

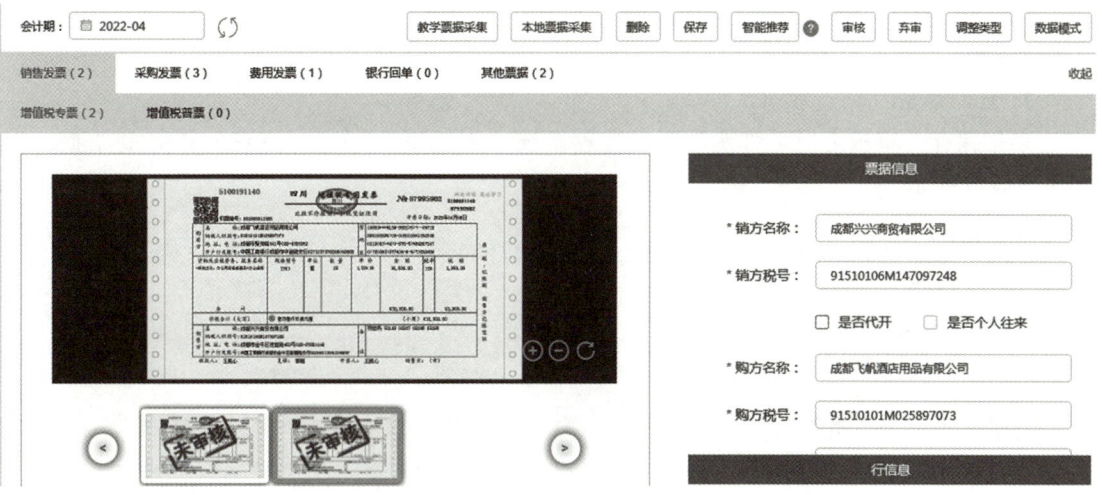

图4-22 增值税专用发票（销售办公桌椅）识别

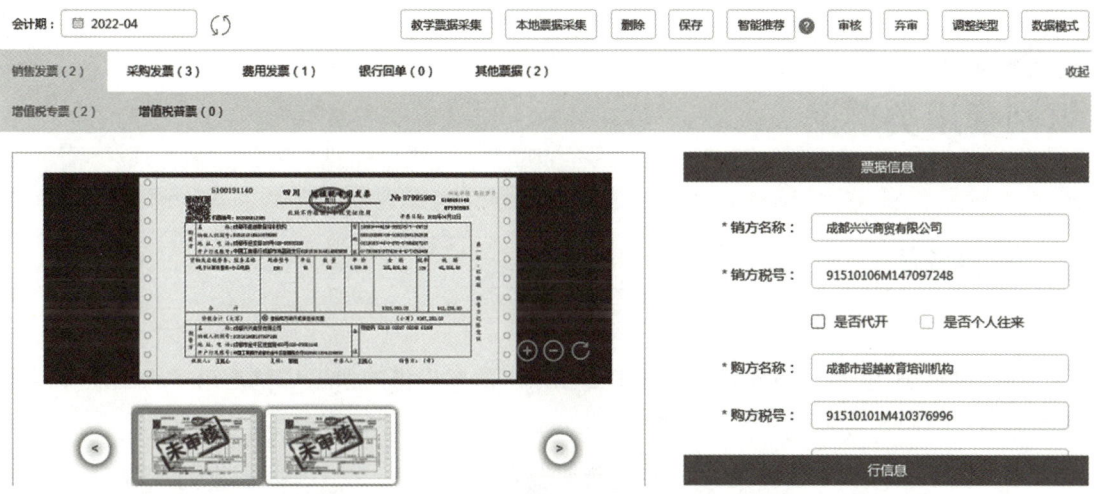

图4-23 增值税专用发票（销售办公电脑）识别

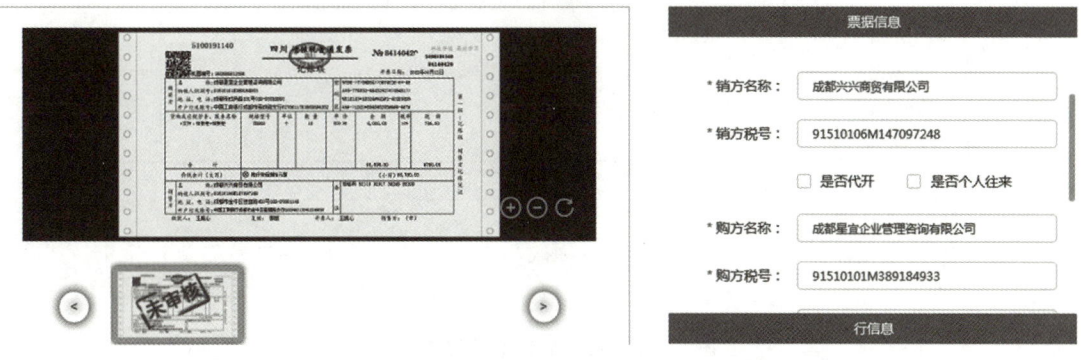

图4-24 增值税普通发票（销售档案柜）识别

（2）上传后人工核验发票，手动修改补充相关内容，比如"是否抵扣""是否代开""税收分类""税目"等。

**4. 查询票据**

票据保存并审核之后，可使用票据管理系统"财天下"平台，查询扫描好的票据，如图 4－25 所示。

| | 发票日期 | 购买方名称 | 购买方税号 | 销售方税号 | 发票类型 | 发票代码 |
|---|---|---|---|---|---|---|
| □ | 2022-04-12 | 成都市超越教育培训机构 | 91510101M410376996 | 91510106M147097248 | 销项专票 | 5100191140 |
| □ | 2022-04-08 | 成都飞帆酒店用品有限公司 | 91510101M025897073 | 91510106M147097248 | 销项专票 | 5100191140 |

图 4－25 票据数据模式

# 任务 4.3
# 识别费用类票据

## 一、任务背景

### （一）任务场景

2022 年 4 月 15 日，财税共享服务中心在兴兴商贸提供的票据中整理出 5 张纸质费用类业务发票，如图 4－26 至图 4－30 所示。

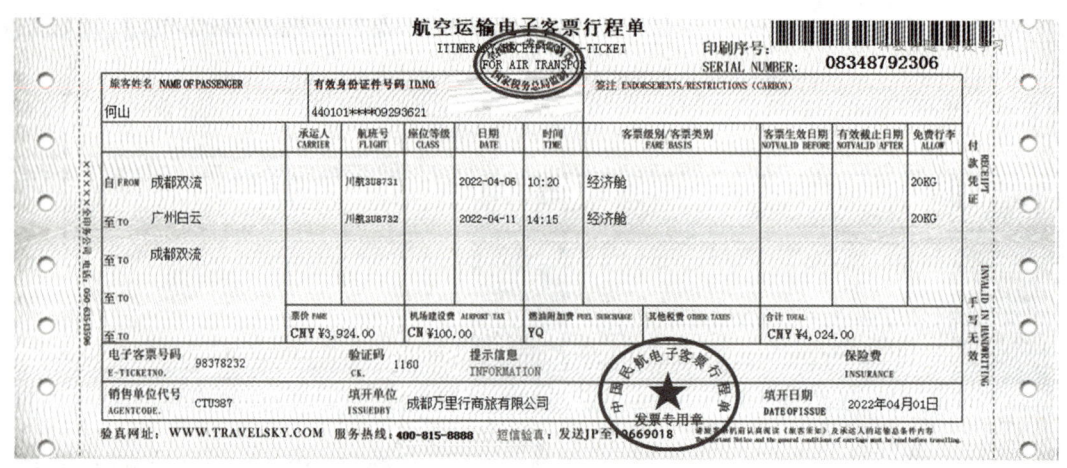

图 4－26 航空运输电子客票行程单

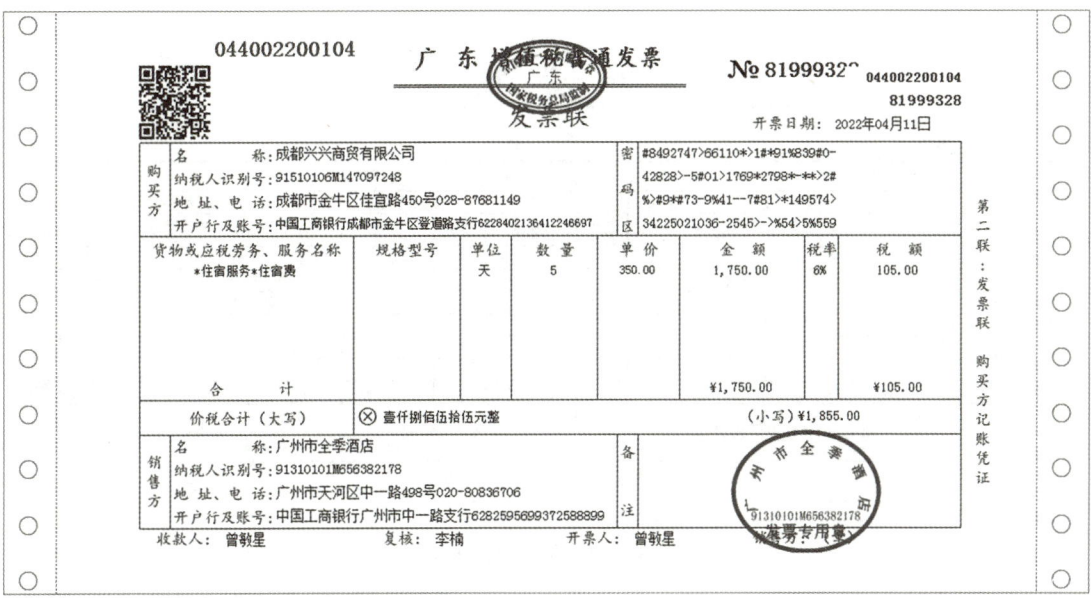

图 4-27 增值税普通发票（住宿费）

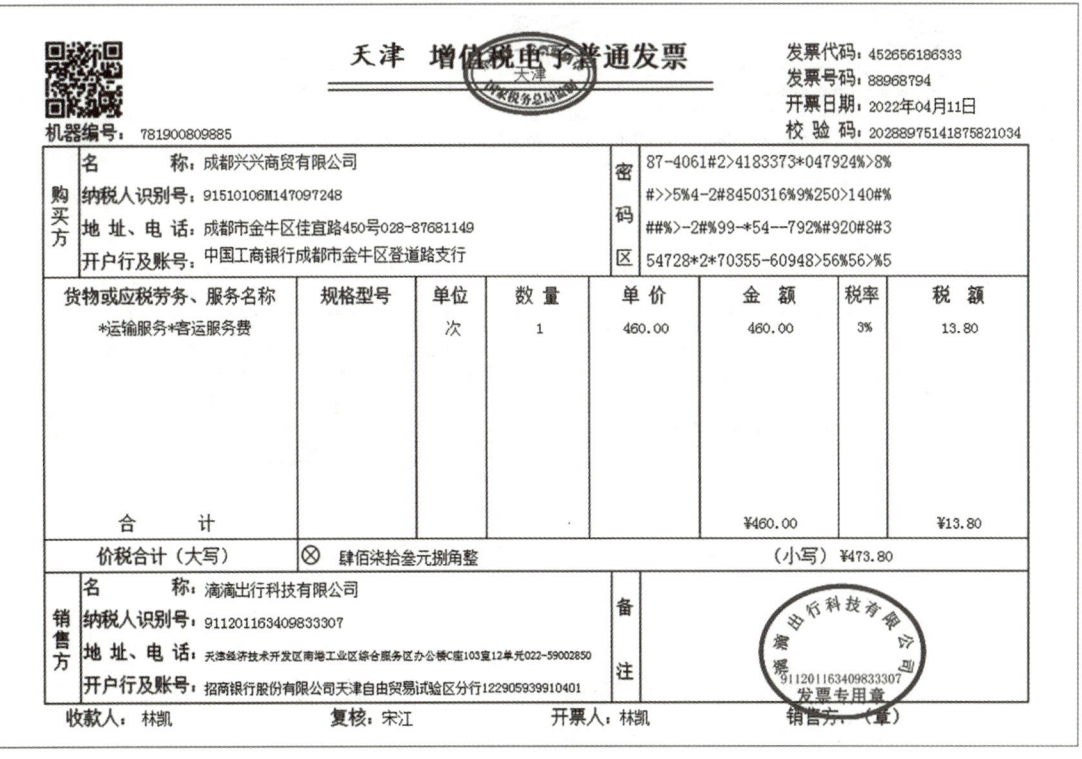

图 4-28 增值税电子普通发票（市内交通）

图 4-29  差旅费报销单

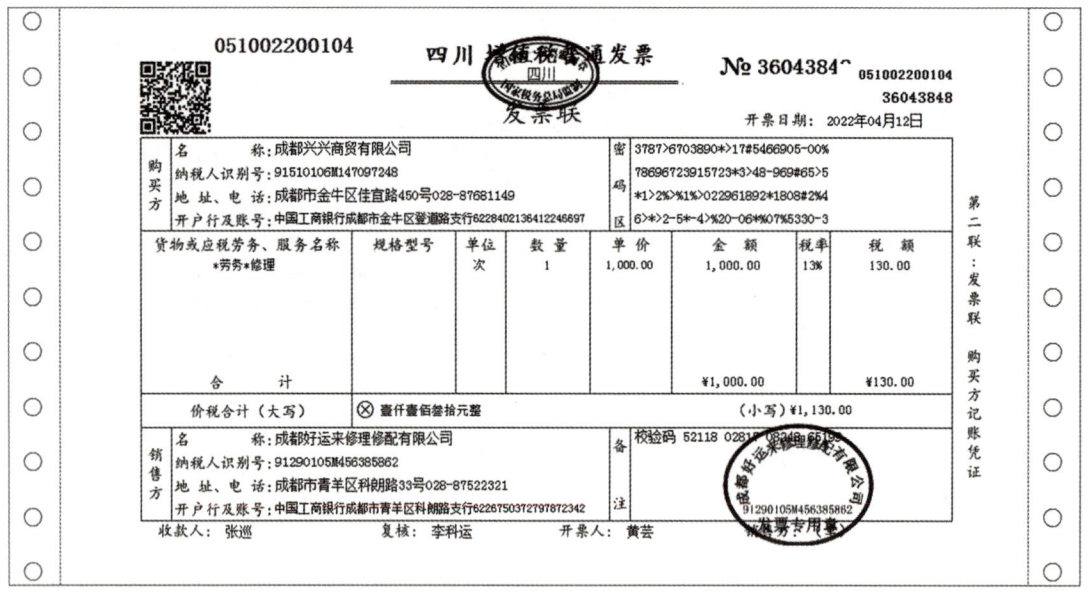

图 4-30  增值税普通发票（劳务）

**（二）任务要求**

（1）接收 5 笔费用业务核算的有关票据，将每张纸质票据扫描形成独立的影像文件；
（2）使用智能票据管理系统，采集票据影像文件；
（3）进行识别与校验。

## 二、任务准备

### (一) 费用和期间费用

费用是企业在日常活动中发生的,会导致所有者权益减少的,与向所有者权益分配利润无关的经济利益的总流出,包括生产成本和期间费用。

期间费用是企业日常活动发生的不能计入特定核算对象的成本,而应计入发生当期损益的费用。

### (二) 费用类票据

费用类票据是指计入企业期间费用的票据,主要是记入"管理费用""销售费用""财务费用"的发票和票据。例如,企业办公费、电话费、人员的差旅费和一些零星支出等。

### (三) 费用类发票整理的一些政策

(1) 2019年4月1日开始,一般纳税人取得的国内旅客运输服务,其进项税额允许从销项税额中抵扣,即企业员工因工作需要发生的国内交通票据,如火车票、机票等无须认证可以计算抵扣增值税。特别注意的是,如果企业员工未取得增值税专用发票的,比如滴滴出行科技有限公司目前提供的是增值税电子普通发票,电子普通发票上注明的税额也可作为进项税额抵扣。火车票、机票等票面上载明的旅客名称,必须是企业的员工,企业员工的证明材料以企业提供的员工名册为准,而且与企业为员工缴纳社保、发放工资的人员名单一致。

(2) 旅客运输服务是指客运服务,包括通过陆路运输、水路运输、航空运输为旅客个人提供的客运服务。能够抵扣增值税进项税额的票据类型和具体比例如下:取得注明旅客身份信息的公路、水路等客票的按照3%计算进项税额;取得注明旅客身份信息的航空运输电子客票行程单中的"票价+燃油附加费"按照9%计算进项税额,机场建设费等不得计算抵扣进项税额;取得注明旅客身份信息的铁路车票的按照9%计算进项税额;对于取得未注明旅客身份信息的出租票、公交车票等,不得计算抵扣进项税额。

(3) 在整理费用类发票时需要按照企业的报销管理规定进行,并不是每一张发票都可以报销。例如,企业员工购买家庭生活用品开具的发票,在假期旅游时发生的与工作无关的住宿费用、餐饮费用等发票以及超过企业额定范围内的出差住宿费用等。

## 三、任务实施

### (一) 任务流程

识别费用类票据业务处理流程见图4-31。

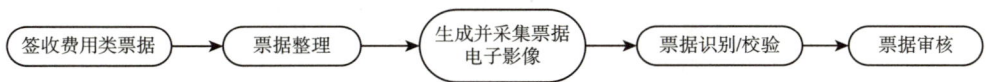

**图4-31 识别费用类票据业务处理流程**

### （二）任务操作

**1. 票据签收与整理（操作详见任务 2.5）**
**2. 票据扫描与采集（操作详见任务 3.2）**
**3. 票据识别与校验**

（1）利用票据管理系统"财天下"平台，通过 OCR（光学字符识别）技术，上传和识别票据中的信息，如图 4-32 至图 4-36 所示。

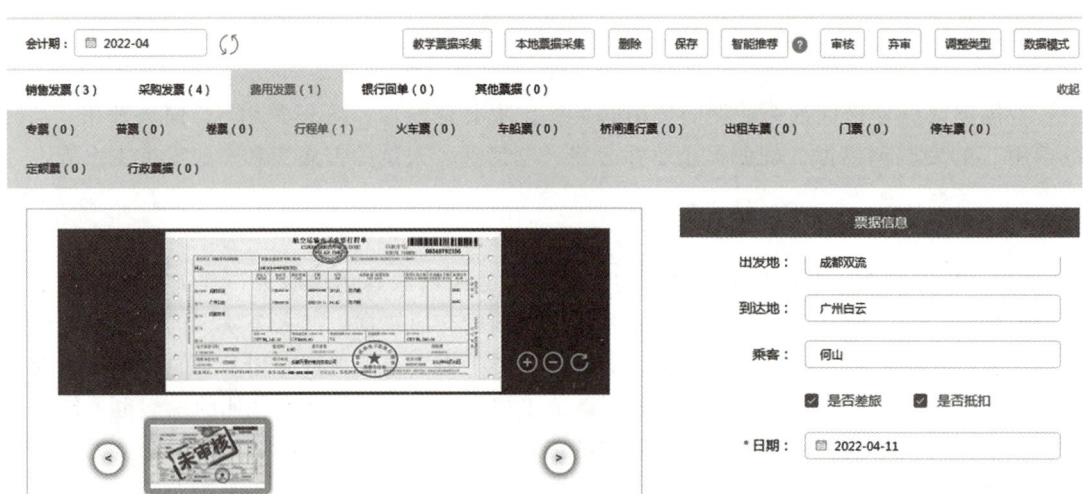

图 4-32　航空运输电子客票行程单识别

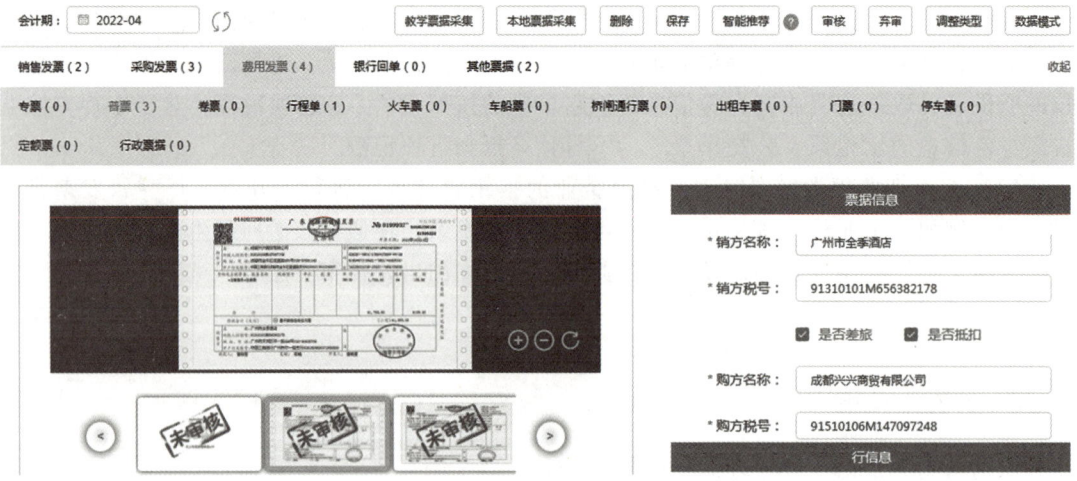

图 4-33　增值税普通发票（住宿费）识别

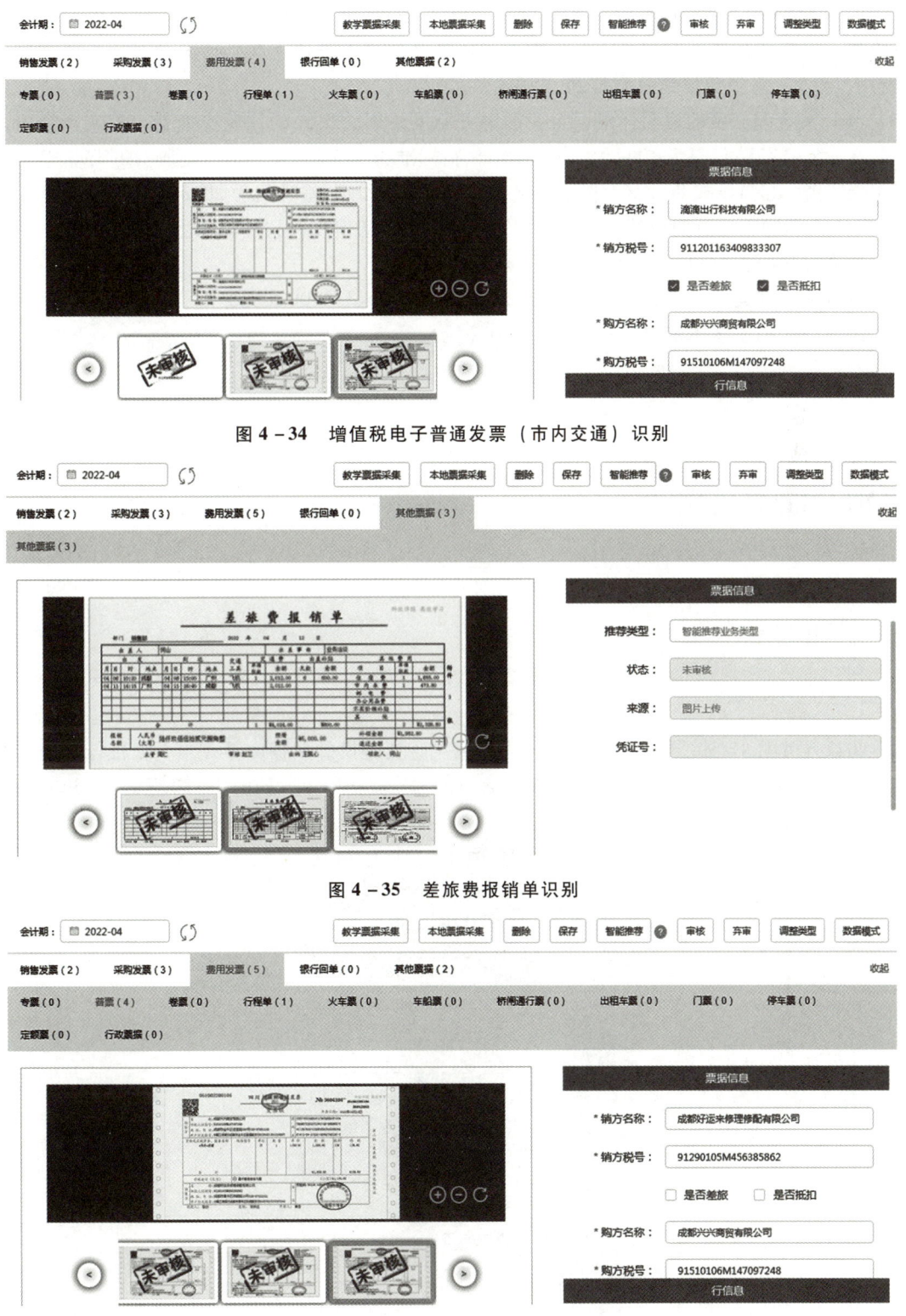

图 4-34　增值税电子普通发票（市内交通）识别

图 4-35　差旅费报销单识别

图 4-36　增值税普通发票（劳务）识别

(2) 识别后,航空运输电子客票行程单会自动归类到"行程单",其他票据根据实际调整归类,比如住宿费的增值税普通发票、市内交通的电子普通发票、劳务的普通发票调整到"费用发票",差旅费报销单调整到"其他票据"。

(3) 关于差旅费的说明:根据企业的财务制度,因公出差的往返交通费实报实销,出差补贴(含餐费补贴)每天100元,省会城市住宿标准为400元/天,市内交通费每天不超过80元实报实销,超过则按80元/天报销。本次销售部的何山出差时间为2022年4月6日至4月11日,6天5晚,地点为成都—广州,住宿费和市内交通费没有超过标准,可据实报销。

旅客运输服务取得票据可计算的进项税额计算如下:

飞机的旅客运输进项税额 = $1\,962 \times 2/1.09 \times 0.09 = 324.00$(元)

市内交通的旅客运输进项税额 = 13.80(元)

# 任务 4.4
# 识别其他类票据

### 一、任务背景

(一) 任务场景

2022年4月15日,财税共享服务中心在兴兴商贸提供的票据中整理出1张银行现金支票存根、1张银行转账支票存根、1张中国工商银行付款业务回单,如图4-37至图4-39所示。

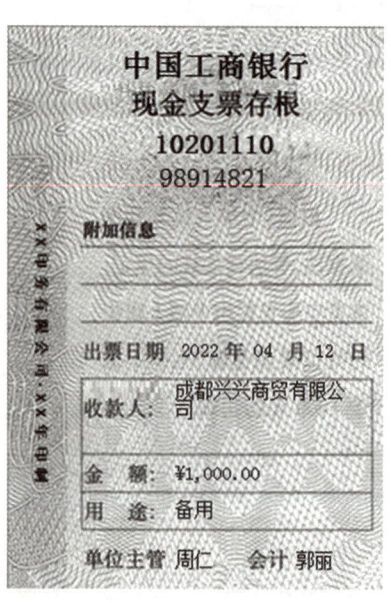

图 4-37 银行现金支票存根

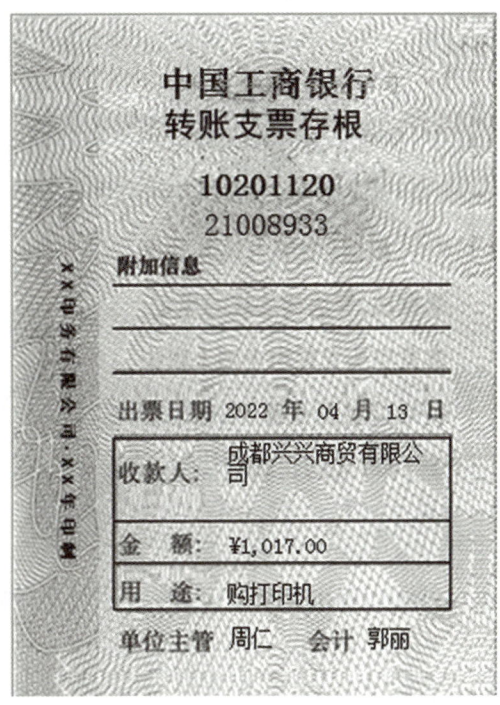

图 4-38　银行转账支票存根

## 中国工商银行

凭　证

业务回单（付款）

日期：2022 年 04 月 12 日　　回单编号：77043333107

付款人户名：成都兴兴商贸有限公司　　付款人开户行：中国工商银行成都市金牛区登道路支行
付款人账号（卡号）：6228402136412246697
收款人户名：成都畅捷通科技有限公司　　收款人开户行：中国工商银行成都市青羊区小南路支行
收款人账号（卡号）：6222571235792009876

金额：叁仟元整　　　　　　　　　　　　小写：￥3,000.00 元

业务（产品）种类：　　凭证种类：7218745992　　凭证号码：20989465768020813
摘要：软件服务年费　　用途：　　　　　　　　　币种：人民币
交易机构：3516762611　记账柜员：83921　交易代码：31872　渠道：
6222571235792009876

本回单为第 1 次打印，注意重复　打印日期：2022 年 04 月 12 日　打印柜员：7　验证码：910040142221

图 4-39　工行付款业务回单

## (二)任务要求

(1)接收3笔结算业务核算的有关票据,将每张纸质票据扫描形成独立的影像文件;
(2)使用智能票据管理系统,采集票据影像文件;
(3)进行识别与校验。

## 二、任务准备

### (一)银行结算

银行结算是指通过银行账户资金的转移实现收付的行为,即银行接受客户委托代收代付,从付款单位存款账户划出款项,转入收款单位存款账户,以此完成经济单位之间债权债务的清算或资金的调拨。

国内目前银行结算方式主要有银行汇票、商业汇票、银行本票、支票、汇兑、委托收款、托收承付、信用卡、信用证等。随着互联网支付业务的发展,在中小企业中,公司行为的资金结算没有通过公司账户完成,业主个人通过微信、支付宝等账户执行收付款业务的现象非常普遍,因此在结算单据整理时需要企业提供电子银行流水单据和相关的微信、支付宝账户收付款记录等信息,留意企业业主个人账户中可能混同的企业收付款事项。

### (二)银行结算单据

银行结算单据就是收付款双方及银行办理银行转账结算的书面凭证,这是银行结算的重要组成内容,也是银行办理款项划拨、收付款单位和银行进行会计核算的依据。

## 三、任务实施

### (一)任务流程

识别销售类票据业务处理流程见图4-40。

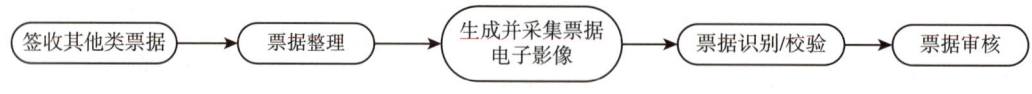

图4-40 识别销售类票据业务处理流程

### (二)任务操作

**1. 票据签收与整理(操作详见任务2.5)**

**2. 票据扫描与采集(操作详见任务3.2)**

**3. 票据识别与校验**

(1)利用票据管理系统"财天下"平台,通过OCR(光学字符识别)技术,上传和识别票据中的信息,支票存根归类到"其他票据",中国工商银行付款的业务回单归类到"银行回单",如图4-41至图4-43所示。

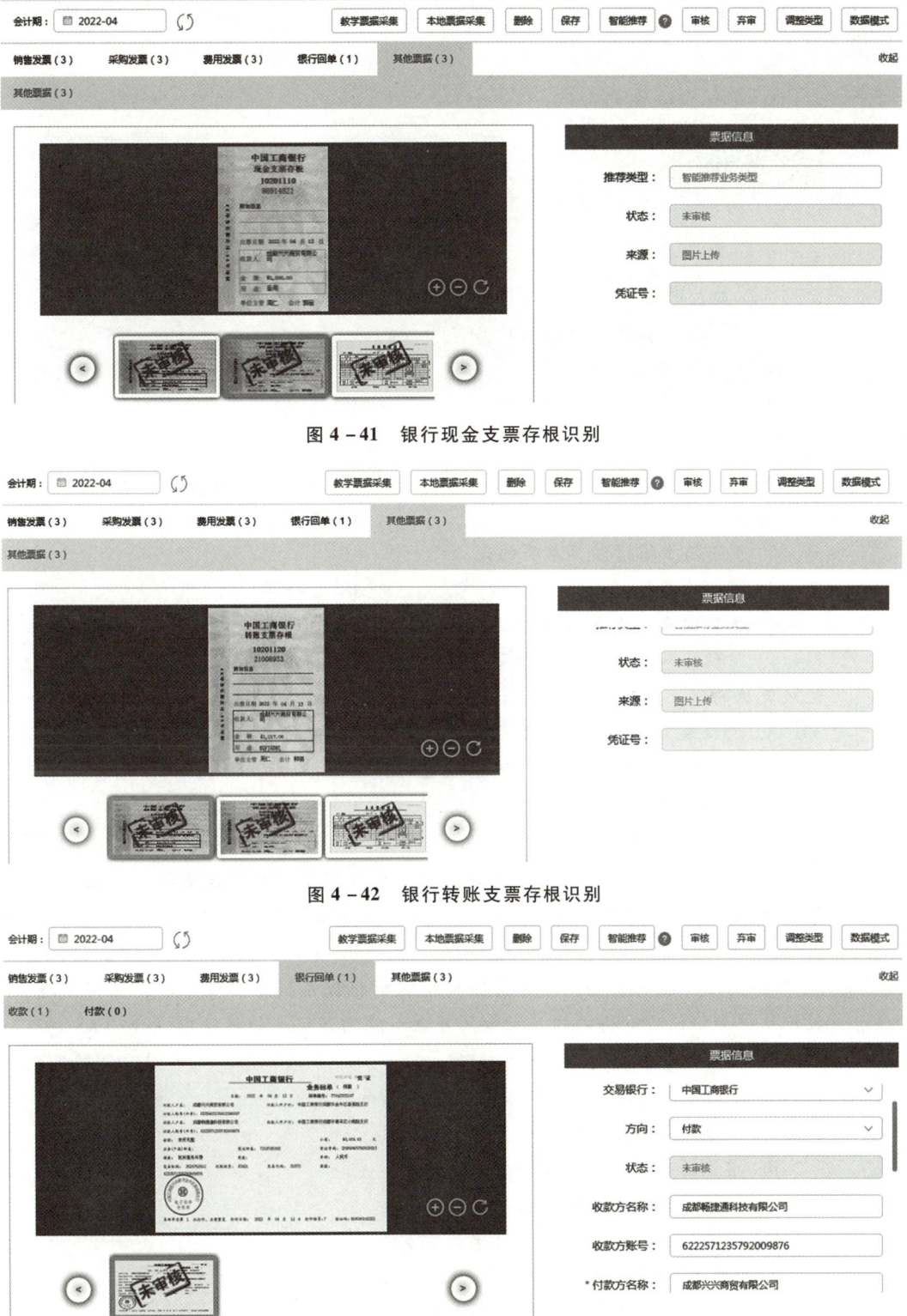

图 4-41　银行现金支票存根识别

图 4-42　银行转账支票存根识别

图 4-43　工行付款业务回单识别

（2）识别后进行人工核验，例如，根据实际选择银行回单的方向，检查账号等内容是否正确。

**实战演练**

一、单选题

1. 下列属于销售发票票据的是（　　）。
   A. 定额发票　　　　　　　　　　　B. 入库单
   C. 增值税专用发票（记账联）　　　D. 支票

2. 下列属于采购发票票据的是（　　）。
   A. 定额发票　　　　　　　　　　　B. 增值税专用发票（发票联）
   C. 出库单　　　　　　　　　　　　D. 支票

3. 下列属于银行结算单据的是（　　）。
   A. 定额发票　　　　　　　　　　　B. 出库单
   C. 增值税专用发票（发票联）　　　D. 支票

4. 财税共享服务中心人员收到销售类增值税专用发票，作为销货单位收款的记账凭据的联次是（　　）。
   A. 存根联　　B. 发票联　　C. 税款抵扣联　　D. 记账联

5. 下列发票上的"税额"可以做进项税额抵扣的是（　　）。
   A. 增值税普通发票　　　　　　　　B. 住宿费发票
   C. 停车费发票　　　　　　　　　　D. 增值税专用发票

6. 2016年1月，企业第一次购买增值税税控系统专用设备时，凭购买增值税税控系统专用设备取得的增值税专用发票，在增值税应纳税额中（　　）。
   A. 不可抵扣　　B. 1/3抵减　　C. 半额抵减　　D. 全额抵减

7. 2022年1月，企业第二次购买增值税税控系统专用设备时，凭购买增值税税控系统专用设备取得的增值税专用发票，在增值税应纳税额中（　　）。
   A. 不可抵扣　　B. 1/3抵减　　C. 半额抵减　　D. 全额抵减

8. 企业发生采购业务，不会收到的单据是（　　）。
   A. 增值税专用发票记账联（第一联）
   B. 增值税专用发票抵扣联（第二联）
   C. 增值税专用发票发票联（第三联）
   D. 增值税普通发票发票联（第二联）

9. 企业发生销售业务，需要做账的凭证是增值税发票的（　　）。
   A. 增值税专用发票记账联（第一联）
   B. 增值税专用发票抵扣联（第二联）

C. 增值税专用发票发票联（第三联）

D. 增值税普通发票发票联（第二联）

10. 以下任务流程正确的是（　　）。

A. 整理票据－签收票据－生成并采集票据电子影像－识别校验票据－审核票据

B. 签收票据－生成并采集票据电子影像－整理票据－识别校验票据－审核票据

C. 签收票据－识别校验票据－生成并采集票据电子影像－整理票据－审核票据

D. 签收票据－整理票据－生成并采集票据电子影像－识别校验票据－审核票据

11. 取得注明旅客身份信息的公路、水路等客票的按照（　　）计算进项税额。

A. 3%　　　　B. 9%　　　　C. 13%　　　　D. 不得抵扣

12. 取得注明旅客身份信息的航空运输电子客票行程单中的"票价＋燃油附加费"按照（　　）计算进项税额。

A. 3%　　　　B. 9%　　　　C. 13%　　　　D. 不得抵扣

13. 取得注明旅客身份信息的航空运输电子客票行程单中的"机场建设费"按照（　　）计算进项税额。

A. 3%　　　　B. 9%　　　　C. 13%　　　　D. 不得抵扣

14. 取得注明旅客身份信息的铁路车票的按照（　　）计算进项税额。

A. 3%　　　　B. 9%　　　　C. 13%　　　　D. 不得抵扣

15. 出租票、公交车票等按照（　　）计算进项税额。

A. 3%　　　　B. 9%　　　　C. 13%　　　　D. 不得抵扣

二、多选题

1. 企业发生采购业务，有可能会收到的单据是（　　）。

A. 增值税专用发票记账联（第一联）

B. 增值税专用发票抵扣联（第二联）

C. 增值税专用发票发票联（第三联）

D. 增值税普通发票发票联（第二联）

2. 常见的采购类业务票据包括（　　）。

A. 增值税专用发票　　　　B. 增值税普通发票

C. 采购合同　　　　D. 入库单

3. 企业发生销售业务，以下非做账的凭据是（　　）。

A. 增值税专用发票记账联（第一联）

B. 增值税专用发票抵扣联（第二联）

C. 增值税专用发票发票联（第三联）

D. 增值税普通发票发票联（第二联）

4. 实务工作中，费用报销业务涉及的原始单据可能有（　　）。

A. 差旅费报销单　　　　B. 费用报销单

C. 增值税普通发票（发票联）　　　　D. 定额发票

5. 下列哪些支出所开具的发票属于费用发票（　　）。
   A. 办公用品　　　B. 服务费　　　C. 水电费　　　D. 物业管理费
6. 2022年3月，企业第一次购买增值税税控系统专用设备时，凭购买增值税税控系统专用设备取得的增值税专用发票，不足抵减的部分（　　）。
   A. 不可抵扣　　　B. 结转下期　　　C. 继续抵减　　　D. 自行负担
7. 国内目前的银行结算方式有（　　）。
   A. 银行汇票　　　B. 托收承付　　　C. 银行本票　　　D. 汇兑
8. 下列各项中属于收款的依据是（　　）。
   A. 发票的记账联　　　　　　　　B. 发票的发票联
   C. 本企业开出的收据　　　　　　D. 对方企业开出的收据
9. 企业取得的增值税电子普通发票可通过下列（　　）途径进行一致性查验。
   A. 电子发票服务平台
   B. 开票方网上营业厅
   C. 国家税务总局全国增值税发票查验平台
   D. 无须查验
10. 旅客运输服务是指客运服务，包括通过（　　）为旅客个人提供的客运服务。
    A. 陆路运输　　　B. 水路运输　　　C. 航空运输　　　D. 私家运输

### 三、判断题

1. 企业购买的增值税税控系统专用设备都可以做进项税抵扣。（　　）
2. 销售类发票的数据关联增值税纳税申报表中收入的主要项目。（　　）
3. 根据增值税税率整理发票，相同税率的发票可作为一个单元。（　　）
4. 销售发票是业务发生时，采购方根据购销合同的要求，开具给购买方以记录销售商品的规格、数量、单价、销售金额、运费和保险费、开票日期、付款条件等内容的凭证。（　　）
5. 接收业务核算的有关票据之后，需要将每张纸质票据扫描形成独立的影像文件。（　　）
6. 智能识别系统高效多能，识别票据之后不需要校验就可以自动生成凭证。（　　）
7. 银行结算是指通过银行账户资金的转移实现收付的行为。（　　）
8. 在结算单据整理时需要企业提供电子银行流水单据。（　　）
9. 审核报销单时，发现报销单上所附发票的金额之和大于报销金额，一般以发票上的金额为准，予以报销。（　　）
10. 银行结算单据就是收付款双方及银行办理银行转账结算的书面凭证。（　　）

### 四、实操题

1. 识别以下业务单据（见图4-44至图4-47），分析与任务4.1业务单据的区别。

2. 处理业务单据（见图4-46和图4-47），判断归类与任务4.2业务单据的关系。

图4-44 增值税专用发票1

图4-45 增值税专用发票2

## 出 库 单　　　　No. 2513

2022 年 04 月 12 日

购货单位：成都市超越教育培训机构

| 编号 | 品名 | 规格 | 单位 | 数量 | 单价 | 金额 | 备注 |
|---|---|---|---|---|---|---|---|
| 000002 | 办公电脑 | HH01 | 盒 | 50 | 6,500.00 | 325,000.00 | |
| | | | | | | | |
| | | | | | | | |
| | | | | | | | |
| 合计 | | | | | | ¥325,000.00 | |

仓库主管：刘英　　记账：郭丽　　保管：杨文琳　　经手人：杨文琳　　制单：杨文琳

第二联 记账联

图 4-46　出库单

## 中国工商银行　　　凭证
### 业务回单（收款）

日期：2022 年 04 月 12 日　　　　回单编号：11243333789

付款人户名：成都市超越教育培训机构　　付款人开户行：中国工商银行成都市鸿盈路支行

付款人账号（卡号）：6291530314614885956

收款人户名：成都兴兴商贸有限公司　　收款人开户行：中国工商银行成都市金牛区登道路支行

收款人账号（卡号）：6228402136412246697

金额：叁拾陆万柒仟贰佰伍拾元整　　　　小写：¥367,250.00 元

业务（产品）种类：　　　凭证种类：1238745456　　凭证号码：098764657680123 45

摘要：货款　　用途：　　　币种：人民币

交易机构：7896762321　　记账柜员：83111　　交易代码：35672　　渠道：

6228402136412246697

本回单为第 1 次打印，注意重复　打印日期：2022 年 04 月 12 日　打印柜员：7　验证码：910040142221

图 4-47　工行收款业务回单

# 单元 5 档案管理

▶ **思政目标：**

1. 提高学生对票据档案管理的能力，增强法律意识，使学生能联系行业实际，培养学生 3Q7S 企业化管理素养能力。

2. 学生通过不同的票据整理及票据归档管理，运用数字化管理系统，培养学生团结合作、沟通交流的工作能力。

3. 学生通过掌握票据影像档案管理及纸质档案管理的工作流程，培养学生工匠精神的养成。

▶ **知识目标：**

1. 了解《中华人民共和国发票管理办法实施细则》《网络发票管理办法》《会计档案管理办法》等法律法规。

2. 能正确选择使用整理票据、扫描票据、票据归档所需要的设备、材料等。

▶ **技能目标：**

1. 能掌握相关法律法规，并能在实际业务中应用。

2. 能根据会计档案要求，对纸质档案进行规范处理。

3. 能在智能票据管理系统中采集票据影像、进行票据识别与校验等。

### 思维导图：

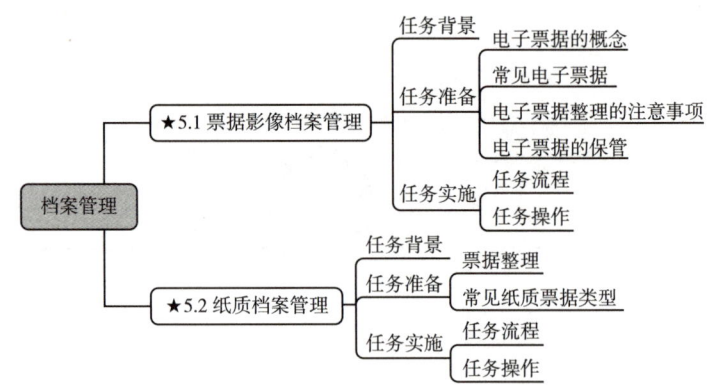

# 任务 5.1
# 票据影像档案管理

## 一、任务背景

### （一）任务场景

成都兴兴商贸有限公司（以下简称"兴兴商贸"）是一家以销售小家电为主的商贸公司。公司为一般纳税人，实行 2007 年企业会计准则。2022 年 5 月将"采购费用类票据"外包给财税共享服务中心，双方签订了外包服务合同。财税共享中心已经为该公司开通票据管理云平台，公司已设置基础信息。账套名称：成都兴兴商贸有限公司，账套启用会计期：2022 年 5 月，公司法人代表：周仁，纳税人类型：一般纳税人，行业性质：2007 年新会计制度科目，单位地址：成都市金牛区佳宜路 450 号，电话：028-87681149，统一社会信用代码（纳税人识别号）：91510106M147097248，开户行：中国工商银行成都市金牛区登道路支行，银行账号：6228402136412246697，本位币代码：RMB（人民币）。财税共享中心经办人员接收成都兴兴商贸有限公司提供的纸质发票。

### （二）任务要求

（1）使用票据管理系统进行接收、管理、利用票据影像档案资料；
（2）将识别并校验的票据影像文件，存入数字档案系统；
（3）建立电子会计档案备份制度。

## 二、任务准备

### (一) 电子票据的概念

电子票据的签发和流动,以及相应资金的划拨、结算都是在网上虚拟的实现,采用的是无纸化的电子交易方式,电子交易的签章只有通过电子签名的形式才能实现。

电子发票基础信息包括:基础通用信息、销售方信息、购买方信息、开票项目信息、安全信息、发票状态标志信息、附加信息以及发票关联信息等。

### (二) 常见电子票据

常见电子票据一般包括银行结算类票据、增值税电子发票等。

银行结算是通过银行账户的资金转移所实现收付的行为,即银行接受客户委托代收代付,从付款单位存款账户划出款项,转入收款单位存款账户,以此完成各项债权债务之间的清算或资金的调拨。国内银行结算方式主要有银行汇票、商业汇票、银行本票、支票、汇兑、委托收款、托收承付、信用卡、信用证等。银行结算单据是收付款双方及银行办理银行转账结算的书面凭证。

### (三) 电子票据整理的注意事项

(1) 中小微企业业主主要通过微信、支付宝等账户执行收付款业务;

(2) 在实际业务中,一般需要获取企业的电子银行流水单据和微信、支付宝账户的相关收付款记录等信息;

(3) 电子发票查验。可通过国家税务总局全国增值税发票查验平台(网址 https://inv-veri.chinatax.gov.cn)进行发票一致性查验。

### (四) 电子票据的保管

根据《国家税务总局关于在新办纳税人中实行增值税专用发票电子化有关事项的公告》(国家税务总局公告 2020 年第 22 号)第十条规定,纳税人以电子发票(含电子专票和电子普票)报销入账归档的,按照《财政部 国家档案局关于规范电子会计凭证报销入账归档的通知》(财会〔2020〕6 号)的规定执行。了解《财政部 国家档案局关于规范电子会计凭证报销入账归档的通知》(财会〔2020〕6 号)相关法规的基本内容,并能在实际业务中应用。

**1. 已建立电子档案管理系统的单位**

实施了会计信息系统,与电子发票相关的记账凭证、报销凭证等已全部实现电子化(不包括纸质凭证扫描,下同),可将电子发票与相关的记账凭证、报销凭证等电子会计凭证通过归档接口或手工导入电子档案管理系统进行整理、归档并长期保存,归档方法可参照《企业电子文件归档和电子档案管理指南》(档办发〔2015〕4 号)。

如与电子发票相关的记账凭证、报销凭证等未实现电子化,可单独将电子发票通过归档接口或手工导入电子档案管理系统进行整理、归档并长期保存;整理、归档、长期保存方法可参照《企业电子文件归档电子档案管理指南》(档办发〔2015〕4 号)。

**2. 无电子档案管理系统的单位**

（1）如实施了会计信息系统，与电子发票相关的记账凭证、报销凭证等已全部实现电子化，可将电子发票与相关的记账凭证、报销凭证等移交会计档案管理人员保存，编制档号，存储结构建议采取图5-1所示方式。

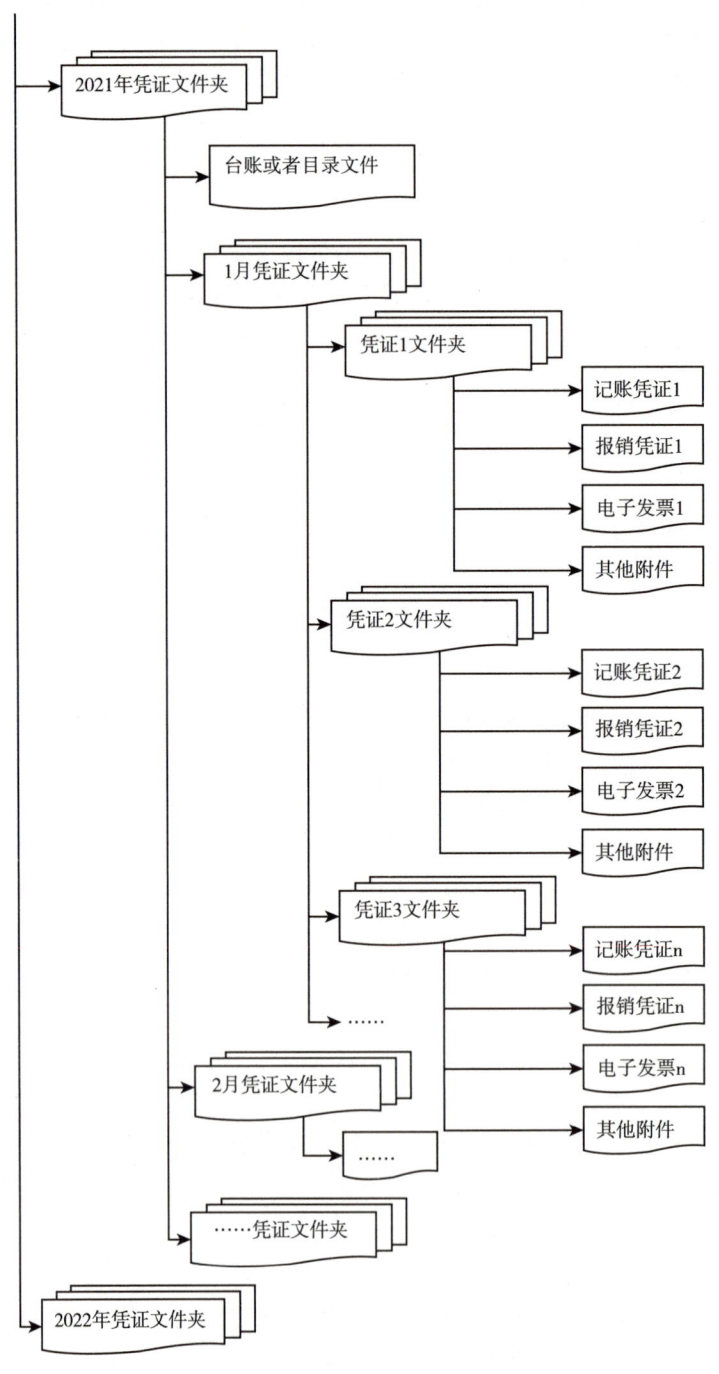

图 5-1 存储结构建议（1）

（2）如未实施会计信息系统，与电子发票相关的记账凭证、报销凭证未实现电子化，电子发票以电子形式移交会计档案管理人员保存，存储结构建议采取图5-2所示方式。

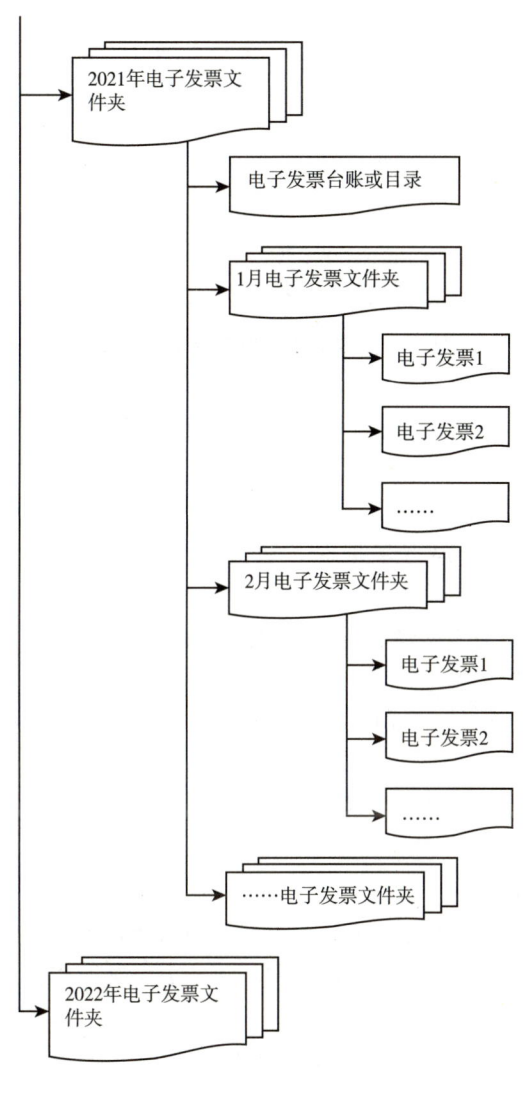

图 5-2　存储结构建议（2）

同时，建立电子发票台账或者目录，台账或者目录的结构建议如表5-1所示。

表 5-1　台账

| 序号 | 纳税人识别号 | 年度 | 交易事项 | 开票方名称 | 发票号码 | 开票日期 | 撤销单据号 | 记账凭证号 | 文件名 | 备注 |
|------|------|------|------|------|------|------|------|------|------|------|
|  |  |  |  |  |  |  |  |  |  |  |
|  |  |  |  |  |  |  |  |  |  |  |

提示：保存电子发票时，应当采用多重备份、定期检测等方法，保证电子发票档案在规定的保管期限内不会丢失并能被读取。

### 三、任务实施

#### （一）任务流程

票据影像档案管理工作流程如图 5-3 所示。

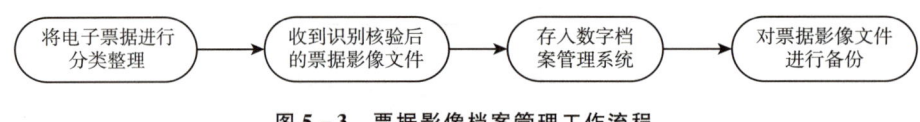

图 5-3 票据影像档案管理工作流程

#### （二）任务操作

**1. 常见银行结算类票据的整理**

（1）当收到客户提供的银行单据时，检查当月银行单据、银行对账单等资料是否完整。

（2）在整理银行资料时，要核对银行对账单每笔业务是否有回单，如果没有，则需及时与银行沟通，补打银行单据。

（3）如果企业办理了网银，则可以进入网银直接打印银行对账单，同时导出电子版银行对账单。

（4）企业通过银行结算的业务，需要有正规的发票单据相对接，按照业务类型进行分类整理。

**2. 增值税电子发票的整理**

纳税人通过增值税电子发票公共服务平台开具的增值税电子普通发票，属于税务机关监制的发票，采用电子签名代替发票专用章，其法律效力、基本用途、基本使用规定等与增值税普通发票相同。

（1）进行增值税电子发票查验。根据有关规定，电子专票采用电子签名代替印章。电子专票在发票监制章上用鼠标右键点击验证，验证结果显示"该签章有效"等字样，说明此专票有效且未被篡改。

（2）增值税电子发票对应业务如属可以抵扣进项税额事项，在勾选平台勾选确认申报抵扣，这一点与传统纸票没有区别。

（3）由于增值税电子发票的特性，在发生销货退回、开票有误、应税服务中止、销售折让等情形时，只能开具红字电子专票，不支持作废。

**3. 存入数字档案系统**

将识别并校验的票据影像文件，存入数字档案系统。

**4. 整理、归档与保存**

实施了会计信息系统，与电子发票相关的记账凭证、报销凭证等已全部实现电子化

（不包括纸质凭证扫描），可将电子发票与相关的记账凭证、报销凭证等电子会计凭证通过归档接口或手工导入电子档案管理系统进行整理、归档并长期保存。

**5. 备份**

对票据影像档案资料进行备份时，应当采用多重备份、定期检测等方法，保证电子发票档案在规定的保管期限内不会丢失并能被读取。

# 任务 5.2
# 纸质档案管理

## 一、任务背景

### （一）任务场景

成都兴兴商贸有限公司（以下简称"兴兴商贸"）是一家以销售小家电为主的商贸公司。公司为一般纳税人，实行 2007 年企业会计准则。2022 年 5 月将"采购费用类票据"外包给财税共享服务中心，双方签订了外包服务合同。财税共享服务中心已经为该公司开通票据管理云平台，公司已设置基础信息。账套名称：成都兴兴商贸有限公司，账套启用会计期：2022 年 5 月，公司法人代表：周仁，纳税人类型：一般纳税人，行业性质：2007 年新会计制度科目，单位地址：成都市金牛区佳宜路 450 号，电话：028-87681149，统一社会信用代码（纳税人识别号）：91510106M147097248，开户行：中国工商银行成都市金牛区登道路支行，银行账号：6228402136412246697，本位币代码：RMB（人民币）。财税共享中心经办人员接收成都兴兴商贸有限公司提供的电子发票。

### （二）任务要求

（1）对接收的纸质票据根据经济业务进行分类；
（2）对纸质票据进行整理和保管。

## 二、任务准备

了解《会计档案管理办法》（财政部、档案局令第 79 号）（2016）相关法规的基本内容，并能在实际业务中应用。

近年来，国家档案局对机关和企业文件材料的定期保管期限进行了调整，《机关文件材料归档范围和文书档案保管期限规定》（国家档案局令第 8 号）、《企业文件材料归档范围和档案保管期限规定》（国家档案局令第 10 号）分别将企业管理类档案和机关文书档案的定期保管期限统一为 10 年、30 年。另外，会计档案在很多民事案件中都作为重要证据，民事案件的诉讼时效最长为 20 年，但大部分会计档案的最低保管期都低于 20 年。为便于单位档案的统一管理,并结合会计档案的实际需求,我们将会计档案的定期保管期限由原来的 3 年、5 年、10 年、15 年、25 年五类调整为 10 年、30 年两类,并将原附表 1、原附表 2 中保管期限为 3 年、5 年、10 年的会计档案统一规定保管期限为 10 年,将保管期限为 15 年、25 年的会计档案统一规定保管期限为 30 年。其中会计凭证、会计账簿等主要会计档案的最低保管期限已延长至 30 年,其他辅助会计资料的最低保管期限延长至 10 年。

### (一)票据整理

**1. 票据的概念与票据获取**

票据是原始凭证,是会计记账最基础的资料,是证明企业经济业务发生最有效的证据。

企业会计人员获取票据时,应先排除不合规的票据,再进行分类处理。实务工作中,应根据票据信息读懂业务内容、判断业务类型;对重点内容做票据审核。

**2. 判断业务类型及票据**

根据不同类型的经济业务,可将票据分为八大业务类型,分别是采购类、销售类、费用类、收款类、付款类、转款类、工资类、成本类。对于无法准确归类到这八大业务类型中的票据,记入其他,如表 5-2 所示。实际工作中,各个企业归集经济业务的类型有所不同。因此,判断何种票据对应何种业务类型是十分关键的。

表 5-2

| 票据类型 | 票据所涉内容 | 常见票据 |
| --- | --- | --- |
| 采购类 | 采购商品、原材料等 | 发票等 |
| 销售类 | 销售商品、原材料等 | 发票等 |
| 费用类 | 租赁费、差旅费、交通费等 | 各类报销单、发票等 |
| 收款类 | 销售货物款项、提供应税服务款项等 | 银行业务回单(收款)等 |
| 付款类 | 支付货款、缴纳税费等 | 银行业务回单(付款)、银行电子缴税付款凭证等 |
| 转款类 | 支付货款、存取款等 | 银行业务回单(付款)等 |
| 工资类 | 计提、发放工资等 | 工资汇总表、工资明细表等 |
| 成本类 | 领用原材料、产成品入库等 | 出库单、库存单据等 |
| 其他类 | 盘亏盘盈、结转税费、计提税款等 | 盘亏盘盈计算表 |

### (二)常见纸质票据类型

**1. 采购类发票接收与整理**

(1)采购发票的概念。采购发票是供应商开给购货单位,据以付款、记账、纳税的依据。包括采购专用发票和采购普通发票。

其中专用发票是指增值税专用发票,是一般纳税人销售货物或者提供应税劳务所开具的发票,发票上记载了销售货物的售价、税率以及税额等,购货方以增值税专用发票上记载的购入货物已支付的税额作为扣税和记账的依据。普通发票是指除了专用发票之外的发票或其他收购凭证。

（2）采购类业务票据内容核对。如果企业是增值税一般纳税人，发生采购业务，收到供应商开具的增值税专用发票，需在规定的期限内进行发票认证，生成认证清单。因此，将已认证的进项发票相关数据与认证清单进行核对，可以有效地检查采购类业务票据是否齐全，避免企业多缴税。

**2. 销售类发票接收与整理**

（1）销售发票的概念。销售发票是一种用来表明已销售商品的规格、数量、价格、销售金额、运费和保险费、开票日期、付款条件等内容的凭证。

（2）销售类发票接收的注意事项。

①要求委托企业提供从税控盘导出的全部开票记录的电子版文件，与企业提供的纸质发票和电子发票信息进行核对，检查是否完整；②根据发票上注明的增值税税率不同分别整理，将相同税率的发票归集到一起；③增值税专用发票的联次是否准确，企业应保留记账联等联次。

（3）销售类业务票据内容核对。抄税清单详细登记企业开具的增值税专用发票，可用作抄税依据。将整理好的销售类票据与抄税清单核对，便可以清楚地知道企业销售业务是否出现遗漏、账证不符等情况。实务中，如果发现销售票据出现遗漏，需及时与提供票据的人员沟通，补足票据。

**3. 费用类发票接收与整理**

（1）费用类票据的概念。费用类票据是在购进物品或消费，在付款的同时向收款方索要的发票。

费用发票包括支出的各种费用开具的发票。例如，餐费、办公用品、日用品、劳保、服务费、打车费、停车费、过路费、充值费、公交费、电话费、维修费、租赁费等各种支出所开具的发票。

（2）费用发票整理的注意事项。费用发票在进行整理时，首先划分费用发票业务类型，其次将划分好业务类型的发票进行计数，粘贴并做好标注，最后根据业务内容判断需要记入的费用科目。

**4. 成本类发票接收与整理**

（1）成本发票的概念。成本发票是公司销售商品或者加工商品过程中所消耗的费用。

（2）成本类发票获取时应注意的事项。未填写购买方的纳税人识别号或统一社会信用代码的普通发票不予报销；填开内容与实际交易不符的发票不予报销；取得提供货物运输服务未在备注栏注明规定信息的发票不予报销；取得提供建筑服务未在备注栏注明规定信息的发票不予报销；取得销售不动产未按规定要求填开的发票不予报销；取得出租不动产未在"备注"栏注明规定信息的发票不予报销；未在增值税发票管理新系统中开具的二手车销售统一发票不予报销；未按规定要求开具的成品油发票不予报销；未填开付款方全称的发票不予报销；未加盖发票专用章的发票不予报销；商业企业一般纳税人零售消费品开具增值税专用发票不予报销；单用途卡销售、充值与使用等环节发票开具不规范不予报销；多用途卡销售、充值与使用等环节发票开具不规范不予报销。

## 三、任务实施

### (一) 任务流程

纸质档案管理工作流程如图 5-4 所示。

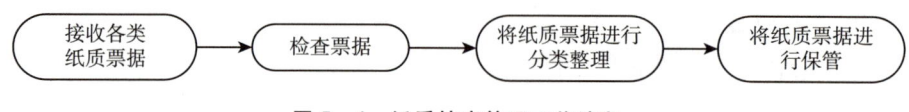

**图 5-4 纸质档案管理工作流程**

### (二) 任务操作

**1. 销售类发票的整理**

(1) 收到客户提供的票据时，检查客户提供的资料中，是否有客户从其开票系统中下载的"分税率统计表"，如图 5-5 所示。其中，需特别关注开票份数、开票统计、开票明细等信息是否完整。

(2) 核对客户提供的销售发票与发票信息统计汇总表（增值税专用发票、增值税普通发票）是否匹配，主要核对正数和负数发票张数、作废发票张数、实际销项金额及税额。

(3) 如果核对当月发票份数不全，则需对开票明细表中的发票号码和发票进行逐一核对，查找出缺失发票，与客户沟通、补寄。

(4) 按照发票采购方单位名称分类整理。

**2. 费用类发票的整理**

(1) 企业收到费用类票据时，应按照企业提供的费用类纸质票据汇总表检查当月票据是否完整，如果票据有缺失，需及时沟通、补寄。

(2) 按照费用类票据业务类型进行划分，然后将划分好业务类型的票据进行计数、粘贴并做好标注，最后根据业务内容分类整理。

**3. 成本类发票的整理**

(1) 票面信息的核对：主要是商品和服务税收分类编码是否正确。

(2) 发票、交付物与业务的核对：发票是业务的具体体现，在整理票据时务必查阅发票对应的业务，例如，合同信息是否一致；发票与业务对应的交付物是否一致等材料。

(3) 企业收到客户提供的票据时，应按照企业提供的成本类纸质票据汇总表检查当月票据是否完整，如果票据有缺失，需及时与供应商沟通、补寄。

(4) 按照发票供应方单位名称分类整理。

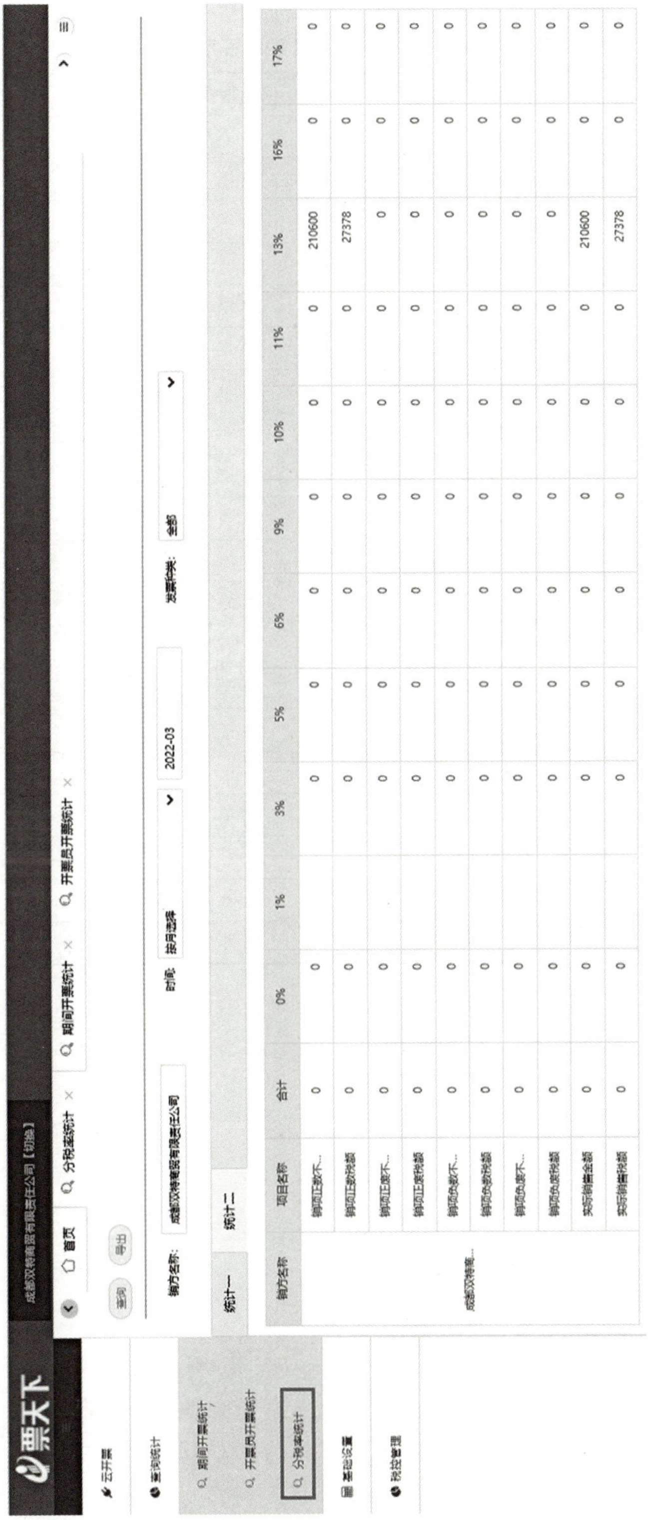
票天下
成都双特商贸有限责任公司【切换】
云开票
查询统计
期间开票统计
开票员开票统计
分税率统计
基础设置
税控管理
首页
分税率统计
期间开票统计
开票员开票统计
查询
导出
销方名称：
成都双特商贸有限责任公司
时间：
按月选择
2022-03
发票种类：
全部
统计一
统计二

图5–5　分税率统计表

## 4. 纸质票据的档案管理（见表 5-3）

表 5-3　　　　　　　　　　企业和其他组织会计档案保管期限

| 序号 | 档案名称 | 保管期限 | 备注 |
| --- | --- | --- | --- |
| 一 | 会计凭证 | | |
| 1 | 原始凭证 | 30 年 | |
| 2 | 记账凭证 | 30 年 | |
| 二 | 会计账簿 | | |
| 3 | 总账 | 30 年 | |
| 4 | 明细账 | 30 年 | |
| 5 | 日记账 | 30 年 | |
| 6 | 固定资产卡片 | | 固定资产报废清理后保管 5 年 |
| 7 | 其他辅助性账簿 | 30 年 | |
| 三 | 财务会计报告 | | |
| 8 | 月度、季度、半年度财务会计报告 | 10 年 | |
| 9 | 年度财务会计报告 | 永久 | |
| 四 | 其他会计资料 | | |
| 10 | 银行存款余额调节表 | 10 年 | |
| 11 | 银行对账单 | 10 年 | |
| 12 | 纳税申报表 | 10 年 | |
| 13 | 会计档案移交清册 | 30 年 | |
| 14 | 会计档案保管清册 | 永久 | |
| 15 | 会计档案销毁清册 | 永久 | |
| 16 | 会计档案鉴定意见书 | 永久 | |

**实战演练**

### 一、单选题

1. 下列会计档案中，保管期限是 30 年的有（　　）。

A. 会计凭证　　　　　　　　　　B. 银行对账单

C. 纳税申报　　　　　　　　　　D. 银行存款余额调节表

2. 下列各项中，属于单位会计管理机构在办理会计档案移交时应当编制的清册是（　　）。

A. 会计档案移交清册　　　　　　B. 会计档案保管清册

C. 会计档案销毁清册　　　　　　　　D. 会计档案鉴定意见书

3. 下列各项中，属于单位从外部接收的电子会计资料可仅以电子形式归档保存，形成电子会计档案应当附有的签名是（　　）。

A. 符合《中华人民共和国合同法》规定的电子签名

B. 符合《中华人民共和国电子商务法》规定的电子签名

C. 符合《中华人民共和国电子签名法》规定的电子签名

D. 以上都不对

4. 下列会计资料中，属于其他会计资料的是（　　）。

A. 固定资产卡片　　　　　　　　　　B. 其他辅助性账簿

C. 纳税申报表　　　　　　　　　　　D. 以上都不对

5. 下列各项中，属于单位定期对已到保管期限的会计档案进行鉴定所形成的会计资料是（　　）。

A. 会计档案移交清册　　　　　　　　B. 会计档案保管清册

C. 会计档案销毁清册　　　　　　　　D. 会计档案鉴定意见书

## 二、多选题

1. 下列关于会计档案的表述中，正确的有（　　）。

A. 是单位在进行会计核算等过程中接收或形成的资料

B. 记录和反映单位经济业务的事项

C. 具有保存价值

D. 是文字、图表等各种形式的会计资料

2. 下列会计档案中，保管期限为永久的有（　　）。

A. 会计档案移交清册　　　　　　　　B. 会计档案保管清册

C. 会计档案销毁清册　　　　　　　　D. 会计档案鉴定意见书

3. 下列关于单位发生合并或分立事项时会计档案保管方的表述中，正确的有（　　）。

A. 单位分立后原单位存续的，其会计档案应当由分立后的存续方统一保管

B. 单位分立后原单位解散的，其会计档案应当经各方协商后由其中一方代管或按照国家档案管理的有关规定处置

C. 单位合并后原各单位解散或者一方存续其他方解散的，原各单位的会计档案应当由合并后的单位统一保管

D. 单位合并后原各单位仍存续的，其会计档案仍应当由原各单位保管

4. 下列会计档案中，保管期限是10年的有（　　）。

A. 月度财务报告　　　　　　　　　　B. 季度财务报告

C. 半年度财务报告　　　　　　　　　D. 年度财务报告

5. 下列会计档案中，保管期限为30年的有（　　）。

A. 会计档案移交清册　　　　　　　　B. 会计档案保管清册

C. 会计档案销毁清册　　　　　　　　D. 其他辅助性账簿

6. 下列各项中，属于应在会计档案销毁清册上签署意见的人员有（    ）。
A. 单位负责人  B. 档案管理机构负责人
C. 会计管理机构负责人  D. 档案管理机构经办人
E. 会计管理机构经办人

7. 下列各项中，属于会计档案定期保管期限的有（    ）。
A. 10年  B. 20年  C. 30年  D. 40年

### 三、判断题

1. 《会计档案管理办法》规定的会计档案保管期限为最高保管期限。（    ）
2. 会计档案的保管期限分为永久、定期两类。（    ）
3. 会计档案的保管期限，从会计年度终了后的第一天算起。（    ）
4. 监销人在会计档案销毁前，应当按照会计档案销毁清册所列内容进行清点核对。（    ）
5. 会计档案包括通过计算机等电子设备形成、传输和存储的电子会计档案。（    ）
6. 单位可以利用计算机、网络通信等信息技术手段管理会计档案。（    ）
7. 单位内部形成的电子会计资料和从外部接收的电子会计资料在满足一定条件时可以仅以电子形式归档保存，形成电子会计档案。（    ）
8. 会计档案是指单位在进行会计核算等过程中接收或形成的，记录和反映单位经济业务事项的，具有保存价值的文字、图表等各种形式的会计资料，包括通过计算机等电子设备形成、传输和存储的电子会计档案。（    ）
9. 不具备设立档案机构或配备档案工作人员条件的单位和依法建账的个体工商户，其会计档案的收集、整理、保管、利用和鉴定销毁等参照《会计档案管理办法》执行。（    ）
10. 单位档案管理机构和会计管理机构应共同派员监销会计档案销毁工作。（    ）